Classici et commentarii

HERMES

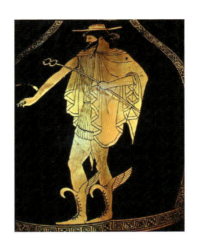

HERMES

在古希腊神话中，赫耳墨斯是宙斯和迈亚的儿子，奥林波斯神们的信使，道路与边界之神，睡眠与梦想之神，亡灵的引导者，演说者、商人、小偷、旅者和牧人的保护神……

西方传统 经典与解释

Classici et commentarii

HERMES

地缘政治学丛编

刘小枫◉主编

撒克逊时代

The Day of the Saxon

［美］荷马李（Homer Lea）◉著

邱宁◉译 李世祥◉译

华东师范大学出版社

华东师范大学出版社六点分社　策划

中国人民大学科学研究基金（中央高校基本科研业务费专项资金资助）项目成果(20XNL026)
"地缘政治学丛编"编纂与理论阐释

出版说明

　　在一种观点看来，地缘政治学（Geopolitics）与政治地理学（Political Geography）是一门学科的两个名称，并无实质差异。[①] 人们显然不能说，地缘政治学是德语学界的惯用术语，而政治地理学是英语和法语学界的惯用术语。19 世纪末的德国人文地理学家拉采尔（1846—1904）是地缘政治学的创始人，而他为这门学科奠基的大著就名为《政治地理学》（*Politische Geographie*，1897，715 页）。1925 年，德国的地缘政治理论家毛尔（Otto Maull，1887—1957）出版的地缘政治学教科书也名为《政治地理学》（*Politische Geographie*，Berlin，1956 年修订版）。十年后，毛尔出版了一本同样性质的著作，却又名为《地缘政治学的本质》（*Das Wesen der Geopolitik*，1936）。[②]

　　地缘政治学与政治地理学这两个术语似乎可以互换，其实不然。仅仅从字面上看，这两个术语也有差异：政治地理学的基本要素是历史地理学，地缘政治学的基本要素则是政治学。瑞典的契伦（1864—1922）作为地缘政治学这个术语的发明者出身于政治学

[①]　皮尔赛等，《世界政治地理》，彦屈远译，台北：世界书局，1975，页 7。

[②]　比较 Rainer Sprengel，*Kritik der Geopolitik. Ein deutscher Diskurs*. 1914—1944，Berlin，1996。

专业，而非像拉采尔那样出生于地理学专业。契伦凭靠拉采尔的政治地理学原理来建构现代式的国家学说仅仅表明，自18世纪以来，政治学越来越离不开对世界地理的政治史认识。

就学科性质而言，由于综合了史学、地理学、经济学、政治学，"地缘政治学"这个名称比"政治地理学"更恰切。毕竟，这门学问的重点在政治而非地理，地表不过是人世间政治冲突的场所。①豪斯霍弗说的有道理：费尔格里夫的《地理与世界霸权》属于"政治地理学"要著，它为理解"地缘政治学"提供了必要的知识准备。换言之，政治地理学是地缘政治学属下的一个基础性子学科，没有某种政治学观念的引导，政治地理学仅仅是一堆实证知识。②

拉采尔逝前一年出版了《政治地理学》的增订版（1903），这个版本添加了一个并列的书名"或诸国家及其贸易和战争的地理学"（*or die Geographie der Staaten，des Verkehres und des Krieges*）。这个副题准确解释了拉采尔所理解的"政治"现象的含义："诸国家"是复数，"贸易"和"战争"是单数。这意味着，"政治"就是诸国家之间的贸易和战争。

显然不能说，这是什么了不起的新定义。自有文明记载以来，政治共同体之间的贸易和战争就是人类的基本生存经验。不过，古代与现代的地缘政治冲突有很大差别，除了"地理大发现"带来的整全的世界地理视野之外，商业技术文明的出现是这种差别的决定性原因。1750年，杜尔哥（1727—1781）写下了《关于政治地理学的论著纲要》，清晰地勾勒出一幅世界地缘政治史的演进图。③ 事实上，

---

① 比较 R. D. Sack, *Human Territoriality：Its Theory and History*, Cambridge University Press, 1986；J. Painter, *Politics, Geography and "Political Geography"：A Critical Perspective*, London, 1995。
② 豪斯霍弗，《〈地理与世界霸权〉德译本导言》，见娄林主编，《地缘政治学的历史片段》（"经典与解释辑刊"第51辑），北京：华夏出版社，2018，页63—64。
③ 杜尔哥，《政治地理学》，刘小枫编，《从普遍历史到历史主义》，北京：华夏出版社，2017，页99—118。

拉采尔的《政治地理学》中的所有基本论题,都可以在杜尔哥的这篇纲要中找到。

拉采尔在《政治地理学》的"序言"一开始就说:他的老师李特尔(Karl Ritter, 1779—1859)已经充分注意到地理学的"政治方面"。[1] 史称李特尔为"人文地理学"的先驱人物,但我们应该知道,他因在其成名作《地球志》中探究了"黑非洲",而随即被当时的普鲁士王家军事学院聘为地理学教授。[2] 由此看来,"人文地理学"这个名称虽然听起来颇为美丽,且如今已成为大学中的一门基础学科,但其诞生之初却是为欧洲各王国的世界性"政治占有"服务的自然科学。

作为古老的中国文明的后代,我们必须承认,古希腊人、罗马人乃至后来的日耳曼裔欧洲人,在地缘政治冲突方面的经历都远比我们的古人丰富。周代晚期七国争霸的内战状态,毕竟并未与西方式的地缘政治冲突交织在一起。20 世纪 40 年代,在中国面临生死存亡之际,流亡陪都重庆的世界史学家也成立了一个"地缘政治学协会"(1941),还形成了一个"战国策派"。但因时势艰难,中国的政治地理学家很难有沉静的心态从世界历史的角度深入认识地缘政治学。

"文革"时期关于"三个世界"的普及教育,也许算得上是一种地缘政治学教育,但是,且不谈相当粗陋,它实际上并不具有实实在在的世界历史视野。[3] 如今通过叙述"丝绸之路"的历史,我们也许可以铺展出一幅让中国史与世界史彼此交融的历史地图,毕竟,"把中国文明与西欧亚及地中海世界连接起来的通道,就是陆

---

[1] Friedrich Ratzel, *Politische Geographie or die Geographie der Staaten*, *des Verkehres und des Krieges*, München, 1923(E. Oberhummer 审读、增订第三版),页 V。

[2] 迪金森,《近代地理学创建人》,葛以德等译,北京:商务印书馆,1980,页 43。

[3] 比较国营东光无线电器材厂工人理论组/吉林师范大学地理系 73 级工农兵学员编,《三个世界》,长春:吉林人民出版社,1975。

上和海上的丝绸之路"。①

　　然而"中西交通史"并不具有地缘政治学的视野。"丝绸之路"的历史与帝国兴衰密不可分：无论陆上还是海上的贸易通道，无不受帝国秩序掌控。何况，"'丝绸之路'根本不是什么道路，[罗马帝国和中华帝国]双方的军队无论从哪个方向都无法发动进攻"。②因此，叙述"丝绸之路"的历史若不能深度反映帝国间冲突的历史，难免流于商贾之谈。

　　太平洋战争爆发以来，美国的政治学家一方面把德国的地缘政治学说成替德意志第三帝国服务的"侵略性学科"或"伪科学"，另一方面又通过大学教育以及传媒对国民普及地缘政治学知识。直到今天，美国知识界正是凭靠海上强国的地缘政治观纵论国际政治时局，才掌握着主导国际政治格局的话语支配权。

　　由于种种历史的原因，我国学界对世界地缘政治学的认识迄今仍然相当局促，这与我们缺乏相关的知识储备有关。为了改变这一情形，本工作坊开设了这个系列，聚焦于19世纪末以来形成的地缘政治学文献，原典和研究性著作并重，为我国学界在新的国际政治形势下进一步开阔眼界尽绵薄之力。

刘小枫
2018年春
古典文明研究工作坊

① 张国刚，《胡天汉月映西洋：丝路沧桑三千年》，北京：生活·读书·新知三联书店，2019。
② 奎斯特，《国际体系中的进攻与防御》，孙建中译，上海：上海人民出版社，2008，页36。

荷马李 像

献给陆军元帅罗伯茨（Ferederic Roberts）

目　录

中译本说明（李世祥）/ 1

荷马李其人和他的意图（列文特洛夫伯爵）/ 5

前言 / 31

卷一 / 33

第一章　撒克逊人及其帝国 / 35

第二章　大英帝国与战争 / 38

第三章　撒克逊人与美国 / 49

第四章　撒克逊人与印度 / 60

第五章　撒克逊人与印度（续）/ 66

第六章　撒克逊人和太平洋 / 74

第七章　撒克逊人和东亚 / 85

第八章　撒克逊人与俄罗斯人 / 95

第九章　撒克逊人与欧洲 / 106

第十章　撒克逊人与德国人 / 112

卷二 / 123

第一章　大英帝国与世界 / 125

第二章　海战的局限性 / 133

第三章　海战的局限性(续) / 139

第四章　撒克逊奋战求生——俄罗斯 / 146

第五章　撒克逊奋战求生——德国 / 155

第六章　战备和冲突 / 163

第七章　力量的联合 / 171

附录:荷马李佚文五种(李世祥译) / 179

中国还能战斗吗? / 181

王安石变法的失败 / 188

战争中的飞机 / 207

佩里准将的遗产 / 221

中国的防御 / 240

中译本说明

李世祥

1912 年 6 月出版的《撒克逊时代》是荷马李留给这个世界最后的文字,书名本身暗含着作者对大英帝国命运的忧思。献词中提到的英国陆军元帅罗伯茨是荷马李的铁杆粉丝,孙中山后来在悼词中专门提及这一点。与多数地缘政治思想家不同的是,荷马李还是世界级的国务活动家。在他的交游名单中,除了康有为、梁启超、容闳和孙中山这些中国近代史的名人外,还有日本首相大隈重信、英国元帅罗伯茨,据传德国皇帝威廉二世也与之有过交集。荷马李的著作在日、德、英、俄等国产生了重要影响,列宁流亡苏黎士期间就曾对来访者说:"有一天,会有成千上万的人研究这本书……他比现任的内阁部长们更懂世界政治。"①在诸大国中,唯一对荷马李漠然置之的就是他的祖国。美国人要等到被日本打痛时才会想起他,然后等到战争结束再迅速将之抛诸脑后。慢待自己民族的杰出者似乎是人类的通病,人们似乎更愿意倾听对手的声音。

与《无知之勇》相比,《撒克逊时代》更为全面地呈现了荷马李

---

① Thomas Fleming, "Homer Lea & the Decline of the West", *American Heritage*, May/June 1988, Vol. 39, Issue 4.

对世界战略格局的思考。这从目录中可略见一斑:英、美、德、俄、日诸列强都已粉墨登场。在荷马李看来,一战前夕,英国在欧洲的主要对手是德国和俄罗斯,在亚太的主要对手是日本。法国此时似乎已丧失拿破仑时代的雄风,没有资格再成为国际博弈中的大玩家。对于拥有霸主地位的英国皇家海军,荷马李一针见血地指出海军不是一个政治实体,离开陆地无法独立生存。在海权论颇为流行的今天,荷马李的观点具有很强的警醒意味。要维持当时的地位,英国就必须要在政治军事上进行彻底整合,确立整体防御观念,牢牢把握住对印度和澳大利亚的控制权。无奈的是,英国最终还是失去了王冠上的这两颗明珠,精明强干的邱吉尔也没能托住日薄西山的大英帝国。如果目睹英国脱欧的闹剧,荷马李不知会作何感想。对于人类事务而言,凡有开端,必有结束,英国的盛衰不过为这句话增添一个新的注脚。

荷马李在书中把德国作为英国的重要对手,对日尔曼民族颇有微词。为了解德国人如何看待荷马李,我们选译了《撒克逊时代》1913 年德译本前言。前言作者列文特洛夫(1869—1943)出生于石勒苏益格－荷尔斯泰因州的胡苏姆(Husum),早年在德国海军服役,后成为自由撰稿人。他持强硬的反美立场,呼吁德国联合墨西哥、日本对抗美国。列文特洛夫 1920 年起开始办报,《帝国守卫者》(*Der Reichswart*)一直到其去世才停刊。此外,列文特洛夫还著有三卷本的《俄日战争》(*Russische-Japanische Krieg*,1904—1906)、《敌人英格兰》(*England der feind*,1914)、《德国的外交政策:1888—1914》(*Deutschlands auswärtige Politik*,1888—1914,1916),以及《大陆的吸血鬼》(*The Vampire of the Continent*,1916)。

关于《撒克逊时代》,列文特洛夫认为,荷马李对德国的理解无知且天真,对德国的认识只是基于英国的出版物。实际上,德国真正危险的不是俾斯麦精神而是与日俱增的国际主义和物质主义倾向。有意思的是,以抽象思维见长的德国人居然批评荷马李"过于抽象",说他是"极其不美国的美国人"。但列文特洛夫也承认,荷马李"始终富有见识和原创性"。对于当代人来说,荷马李对于国际政治和战争哲学的提炼恰恰是值得认真学习的地方。

除了三本专著外,荷马李还有一些文章留存于世,其中有三篇与中国问题相关。"荷马李到底对中国了解多少?"这可能是许多读者心中的疑问。这些文章或许能帮我们找到答案。按照荷马李的判断,要维持其在亚太的战略地位,英国应联合中国对抗正在崛起的日本。一个强大的中国可以抵御俄罗斯的陆地扩张和日本的海洋扩张,而"中国的消亡是英国被逐出亚洲和西太平洋的前奏"。因此,英国1902年1月与日本结盟实在是一步臭棋。时过境迁,太平洋上依然风急雨骤,但故事的主角换成了美国和中国。这就给荷马李出了一道选择题:撒克逊人还是中国人?

在论述撒克逊人与俄罗斯人的关系时,荷马李说东方已经接受西方文明的基本要素,但这并不意味区分东方与西方的原始属性同时发生了改变,东方与西方之间古老的对抗不会因双方距离的缩减而消失。从下述预言中,我们隐约感觉到荷马李对于中美关系走向的基本判断:

> 东方和西方经由科学技术这个媒介而突然挤在了一起,但这并不意味着双方的对抗和争斗会停止或消除。东西方的战争就像青海湖上的暴风雨一样时断时续,现在却成为在因果关系作用下双方关系起起伏伏的一个因素。这场斗争不变的特点必然使得全球进行政治调整,并把人们对"地球和平"的绝望呼吁带入一个模糊、不确定的未来。

荷马李其人和他的意图

列文特洛夫伯爵(Graf E. Reventlow)　撰

史敏岳　译

1913 年,此译本的第一版问世之后不久,荷马李逝世。他未能经历世界大战和直接与大战相连的前史。此前,他的书在大不列颠曾引起强烈关注,特别是军队、议会和出版界的一些人士,对其书尤为关切。这些人都怀有同一种思想:英国不仅必须拥有海战军备,而且尤其还须大规模地扩充陆军武装,为大陆上的战争做准备。荷马李此书乃是献给已故的陆军元帅罗伯茨(Roberts)①勋爵的。

自 1906 年以来,罗伯茨就是英国普遍义务兵役制的狂热支持者。他的目的并非像有人处心积虑地声称的那样,是为了保护不列颠群岛免受德国人登陆作战的危害,而是要在欧洲大陆上进行摧毁德意志帝国的欧洲战争。今天,我们知道罗伯茨所选择的开始煽动的时间决非偶然。因为就在此前不久,英国和比利时政府签署了军事协定,而当时的战争部长霍尔丹(Haldane)②勋爵已经

---

① ［译按］Frederick Roberts(1832—1914),生于印度,英国陆军元帅,英军最后一任司令,曾参加英国入侵埃塞俄比亚的战争和第二次阿富汗战争。

② ［译按］Richard Burdon Haldane(1856—1928),1905 至 1912 年间任英国战争部长,任上进行军事改革,建立了英国陆军,其中许多部分在战时编入英国远征军参与战争。

开始了军队的组织工作,其目的是,战争甫一爆发,就能立即在比利时和法国之后向欧洲大陆投放一支直接可用且训练有素的远征军。

在罗伯茨看来,霍尔丹的准备工作即便机智巧妙、目标明确、有序推进,也仍然是不够的,因为他认为这些工作仍旧建立在当时英国军事体系的薄弱基础之上。因此,这位年迈的陆军元帅不断地多次要求引入普遍义务兵役制,并得到珀西(Percy)①勋爵和伊舍(Esher)②勋爵等人的支持。尽管 1910 到 1913 年间,有演说和著作解释称,英国必须做好准备,以便在德国进攻法国之时能于 14 天之内在欧洲大陆上介入战争,拯救法国,但实际上,这些人既不愿意,也不能够公开说明他们宣传这一主张的真正原因。

荷马李把自己论述和思想的一大部分用于探讨当时英国介入欧洲大陆的问题。他曾说:

> 英国的军事行动基地够得到欧洲大陆海岸附近。英国战场的范围也从这些海岸开始,延伸到那个充满活力的中心(德意志帝国的中心),占领或毁灭这一中心,就能结束战争。

他继续论述说,比利时、荷兰和丹麦夹在中间,无需考虑。

> 战争血腥残酷的单一性毫不在意地越过了这些地方。……一旦位于两个大国战场的中间,小国的中立就是个笑话。

---

① [译按]Henry Percy(1817—1877),英国军官,维多利亚十字勋章获得者,议会保守派。
② [译按]Reginald Brett(1852——1930),第二代伊舍子爵,历史学家,英国自由党政治家,在军事领域颇有影响。

他认为,为了让欧洲屈从于英国的意志,英国必须控制地中海及其沿岸地带,在北方则须控制丹麦、尼德兰和比利时。

> 随着对比利时和尼德兰的军事占领,德国面向海洋的进攻区域就局限于易北河口,这是一种战略性的限制,让德国不再可能向海洋扩张。

战争已经表明,英国在和比利时政府达成的政治协定当中早已准备好了对比利时进行军事占领,但这在军事上终究还是来得太晚。英国之所以没有对荷兰进行军事占领,单纯是因为德国通过进军比利时而支持了荷兰,因为荷兰人民及其政府立场足够坚定,眼光足够准确,能够反抗英国政府施加的种种压迫。但是要占领丹麦,英国的实力仍然不够,因为当时可供英国使用的远征军只有约 20 万人,此外,不列颠群岛和丹麦之间海域广阔,其间游弋着战无不胜的德国舰队。

荷马李的观念建立在英国舰队必须控制海洋这一前提条件之上。他在书中论述道,只有通过控制海洋,英国方能维系其世界帝国,而且只有具备足够强大的军队,以至凡欧洲大陆有必要发兵之处,皆能派军,这一目的才能达到。一支单纯用于保卫故土,只驻扎于英国本土的军队,荷马李称之为"导致帝国毁灭的军队"。他继续完善自己关于远征军的思考,希望在整个大英帝国引入普遍义务兵役制,并组织和训练所有陆军,"使之具备远征军的特质"。这个世界帝国的各个军事基地"必须把殖民地的军队输送到欧洲大陆的共同战场上去……若不能在决定性时刻于正确的战场上加以利用,则最完美的军事准备也毫无用处"。

早在战争爆发的 5 年之前,这个美国人就清楚地认识到英国必将如何进行这场战争,以便有效地争取实现其统治世界的目标。

相比他那同样已经作古的国人——马汉（Admiral Mahan）①上将，荷马李在认识这场斗争的决定性力量和本质方面向前跨进了重大的一步。马汉认为，英国舰队只要控制海洋，并长期封锁欧洲大陆敌人的一切给养，就足以使其屈服。在去世之前的几年里，马汉曾就他所预见到的英德冲突写过几篇论文。这些文章不仅未能真正超出马汉本人研究海战史所得出的结果，反而在某种程度上死板地将这些结果应用到未来的战争上。对马汉而言，一切都不及海洋主导权和贸易战重要。和在英国的大多数人一样，他也认为，德意志帝国将在海上封锁之下变得虚弱，遭到扼杀，这一过程甚至比100年前拿破仑摧毁德国还要快。也许马汉与英国及其同盟者的设想类似，猜想德意志帝国和奥匈帝国难以抵御俄国和法国的军队。

如前所述，荷马李在这方面的眼光更加犀利，如果他仍在世，大概会对战时才在英国实行的普遍义务兵役制流露出苦涩的满意之情。另一方面，他显然——我此后将回到这个问题上来——不会把当时已经存在的英法俄三国协约（Tripleentente）算作军事力量。我们只发现了这样的评论：德意志帝国进攻法国就等于进攻英国，而且进攻法国必将写入德国的计划之中。早在1905年，这一想法就融入了盎格鲁-撒克逊人的血肉，同样难以改变的是久已形成的谣言，称无论以直接或间接的方式，德国都将对英国发动侵略战争。在他的研究中，荷马李始终将英国单独拿出来讨论，从不考虑英国的盟友所构成的巨大体系。

这是荷马李思想中的一个方面，也是其所作研究的一个方面，读者对此将有不同的感受。在荷马李看来，绝大多数的同盟都是人为的，因此是很快就会消失的联合关系。由于他到处致力于发现和阐明原则性和必然性的事物，故而冷淡且相当轻视地对待他

---

① ［译按］Alfred Thayer Mahan(1840—1914)，美国军事理论家，"海权论"的奠基人。

生前存在的各种同盟关系，比如当时的三国同盟，这主要是因为意大利的盟友身份。根据荷马李的说法，如果从意大利的利益立场出发，这一盟友身份只有在一种条件下是自然且恰当的，那就是意大利凭借德奥同盟对英国的胜利而获得权力和独立。但他认为，情况将恰恰与此相反。在这里，我们看到英国和法国确实成功地通过威逼利诱影响了意大利，使意大利有了上述的想法。但事实完全是相反的，因为三国同盟的斗争胜利之后，意大利作为老成员，将在地中海占据一种前所未有的独立自由地位。如果说曾有国家误判和错过机会，那这个国家就是意大利无疑了。

荷马李把德意志帝国、俄国和日本之间的联合视为一种天然的、对盎格鲁-撒克逊世界而言尤其可怕的联盟。这在事实上是一种正确的看法，当然，这种看法和战争爆发之前两年存在的世界政治结盟格局所呈现出来的可能性之间还差得很远。在这方面，是德意志帝国丢失了一系列的机遇，有的是错过，有的则是有意地放过。另一方面，对于荷马李而言，包括美国在内的一种大盎格鲁-撒克逊联盟是天然的同盟关系。他还一再指责英国的政策倾向日本，而不是拉拢中国，并见机给予扶持。亲近日本只会给英国培养一个未来的敌人。

荷马李写的第一本书《无知之勇》（*The Valor of Ignorance*）就专论日本，以及日本对美国、英国乃至整个盎格鲁-撒克逊世界所构成的危险。此书是他的专门研究，在某些事情上，事实已经证明了他的预见。在《撒克逊时代》当中，他对日本与盎格鲁-撒克逊世界之间关系的论述更为简短，但足够精辟。他还谴责由英国引起的日俄战争，因为日本由此而在太平洋上变得比大英帝国更加强大。

　　　　日本的崛起向世界宣告了一个新时代的到来。西方的掠夺以同样的方式陷入了停滞，正如数百年前在东方发生的一样。置身于这种停滞之中,大英帝国发现自己面临着这样一种局势:第二个岛国帝国诞生了,它要像曾经的英国一样生活,像曾经的英国一样在海洋上掳掠……日本在覆盖世界三分之一面积的太平洋上的统治不断脱离限制,而(英国)对大西洋的控制却日益出现问题……英国与日本结盟,其未来的后果可能是世界的三分之一归日本统治。而另一方面,大英帝国从这种结盟之中非但无法得到回馈,反而要承受落入他人圈套的危险。

可以说,今天的日本在太平洋和东亚大陆上确实已经毫不受限。这个国家曾经唯一的弱点——债务乃至金融,已经一改颓势,转为富裕和独立;华盛顿政客们的忧虑日甚一日,清醒地意识到自身的无力,看到了日本的威胁。荷马李若看到此番景象,不知会说些什么。在他的第一本书中,荷马李就清楚地看到了日本人极高的政治谋略。此书出版于 1906 年,当时在美国完全被低估,被认为过分夸张,不切实际。

当然,荷马李在书中对自己的国人谈些令其不快的事物,而且要求美国筹备一支随时有战斗力的大军,至少必须和日本的军队规模相当。此外,他还要求在美国建造战略铁路网,因为现存的铁路单纯是为满足贸易交通的需求而设,无法将军队运送至受到威胁的地点。当时,当荷马李写下这些文字的时候,适逢德意志帝国与美国之间的战争状态公开,这使当时美国的全国武装和其他准备看起来似乎只是以对德战争为幌子,其真正目的乃是为了应对未来和日本的冲突。

李还将日本视为未来威胁印度的危险势力,在这一点上,他可能也是对的。不过他没有预见到 1914 年由英国发起的战争,如前所述,即便在大的结盟关系框架下,也未能预见。因此,他也只是在大体上和原则上勾勒了未来日本的角色。确实,日本没有偏离这些在原则上划定的路线,而是沿着这个方向,凭借高超的智慧和行动力,利用了欧洲大战这个巨大的机遇。当荷马李声称,日本是通过日俄战争的胜利(这也须归功于英国)才得以成为世界强国,那么我们也许不得不同意他的观点。

我们已经指出,荷马李的那种原则性和学术性的研究方式也必然会导致严重的误判和观点的偏颇。他对一切"人为"结盟的轻视即是其中一例。13 年来,在德国总有人带着某种讽刺性的优越感说道:即便是英国从 1904 年开始在欧洲缔结的各种联盟,实际上也都是人为的。英法联盟是人为的,因为法国成了英国的附庸;英俄联盟是人为的,是因为表面之下历来的对抗关系仍继续存在;和比利时及葡萄牙结盟,包括暗中和意大利结盟,也是人为的,因为到处都是英国单方面的眼前利益起着决定作用。

在政治主导的过去几百年中,英国取得了巨大的政治成就,纵观这段时间,不难发现,英国极大程度地扩大和实现了这种导致"人为结盟"的眼前利益。诚然,英国的历史在成功之外也出现过挫败,但如前所述,成功还是主流。大英帝国那遍及全球的规模和势力就足以给出直观的佐证。战争艺术大师毛奇元帅曾表示,战略主要是一种"援助系统"(System der Aushilfen),无论计划如何周全细致,实际能够贯彻执行的情况仍然极少。就对外政策而言,也许更是如此。恰恰就是在这种援助系统之中,英国的政治手腕曾经堪称卓越。因此,所谓的人为结盟也极少对英国政治构成损害。

在大多数情况下,英国能够在结盟关系开始变得危险和有害的时刻及时脱身,或者对其进行制衡。但英国和日本的结盟也许是个例外。90 年代,当英国站到日本一边的时候,可能犯下了一个巨大且会带来严重后果的错误。正如荷马李所预见的,如今日本成了远东地区不受限制的霸主,可能已经成为太平洋地区难以遏制的海上强国。如果我们仔细观察,就会发现日本的坐大并非因为英国政治上的失算,而是对军事力量错误估计的结果。当英国发动预谋已久的针对德国的毁灭性战争之时,四国同盟的军事和海洋权威坚信,德意志帝国最多将在 9 个月之内屈服或者崩溃。如果这一军事考量是正确的,那么日本也不会发展到占据目前的权力和经济地位。如日中天的大英帝国本来可以和盟友以及美国一道,共同遏制日本。这也确实是英国最初的想法,因此其政策也建立在军事算计的基础上。英国的政策本身几乎一直是明智的,但由于军事判断错误,政策也就错了。

英国与法俄的"人为结盟"是其政治和外交的杰作。这一结盟之所以未能达到其毁灭德意志帝国的目的,同样是因为军事上的失算。若没有所谓的人为结盟,英国就会遭到孤立,在新世纪之初就会陷入无可挽回的最困难的境地。可以说,结盟使英国能够施加统治世界的巨大影响长达 15 年之久,并同时获取巨大财富,增强国力。实现这一成就无需承担任何风险和损失,因为除了日本之外,英国的盟友之所以与之结盟,是由于军事和政治上的虚弱,尤其是法国和俄国,不仅需要结盟,而且也能从中受益。

法俄是依靠英国的两个盟友。德意志帝国的政策无法成功完成任务,因为它一方面不懂得阻止英法和英俄之间的靠拢,另一方面也不知道利用 1904 和 1905 年俄国的心理而使之依附德国,或者通过一场预防性的战争巩固德国的东部边界,同时让法国回归理性。顺便提一下,与此类似的是 1908/09 年波斯尼亚危机期间的局势。无论如何,比起英国及其盟友悍然向地中海各国发动毁灭性战争的 1914 年,当时德意志帝国及其盟友奥匈帝国所面临的局势要有利得多。

如果可以做到,天然的结盟当然要比人为的结盟更值得争取,也更理想。但从另一方面看,可以确定,如果通过人为结盟能够消除敌人拥有天然盟友的可能性,则人为结盟的利益更大。英国就是这么做的,当俄国在远东遭到日本的打击之后,英国便将其拉为盟友。通过这种方式,英国杜绝了德国和俄国结盟的可能,而根据荷马李的观点,俄国是德国的天然盟友。尽管英俄之间是人为结盟,但英国懂得善加利用,以获取最高的利益。

　　从这些观察当中,特别是从战前和当下欧洲的局势当中,我们可以得出结论,读者也将断定,荷马李对原则性和理论性事物的过度关注使他未能看到当前列强结盟关系的意义。在他的书中,荷马李列举了盎格鲁-撒克逊世界帝国的三大敌人和危险:日本、俄国和德国。但他却没有考虑到,当时英国就已经和这三个敌人中的两个,也即日本和俄国缔结了盟约,以便借助其力量先毁灭或者至少打垮看似最危险的敌人——德意志帝国。在国家和人类的历史上,通过这种途径一个一个地先后摆脱众多危险和敌人,这并不是第一次。

　　大战之初,英国政治的领袖格雷(Grey)①对此是怎么想的,很清楚地表露在他和当时的大使里希诺夫斯基亲王(Fürst Lichnowski)②的告别谈话之中。格雷向这位即将离开的大使指出,对于德意志帝国而言,英国作为敌人比作为中立国要有利得多,比如当英国在德国和俄国之间调停时,就是如此。当时的半官方德国报纸《北德意志汇报》(*Norddeutsche Allgemeine Zeitung*)就正确地表示,格雷已经看到了一个逐渐崛起的极强大的俄国。他在那次对话中就已经试图防备,以便在必要时反对过于强大的俄国,支持德意志帝国,防止德国崩溃。换言之,他想在战争之初就做好预防措施,避免英国的俄国盟友过多地获胜。这一政治思想是正确的,也是英式的。其错误仍然出在军事和经济领域,他误判了德意志帝国和德意志人民的抵抗力量。

---

① ［译按］Edward Grey(1862—1933),英国政治家,任外交大臣 11 年,在任期间一战爆发。

② ［译按］Fürst Lichnowski(1860—1928),德意志-波希米亚外交官,“七月危机”(萨拉热窝事件)期间任驻英国大使。

　　在荷马李看来，不列颠帝国就意味着"帝国"这个概念本身，就像罗马帝国的公民认为罗马就等于"城邦"本身。大英帝国在世界上是一切时代有权存在下去的唯一造物，有权利和义务让世界上其他所有势力和国家臣服，无论是通过施压，或是通过公开使用暴力的方式。在荷马李眼里，美利坚合众国也是英国领导下伟大的盎格鲁-撒克逊世界帝国的一部分。因此，他认为美国的种族混杂状况日益棘手，为此忧虑不已。作为美国人，荷马李深切地鄙视自己国家的制度和充斥其中的"群氓精神"（Pöbelgeist），这在他的第一本书中就表现出来了。

　　拯救，似乎只能来自大英帝国，只要英国人民理解了哪些危险威胁着他们的未来，齐心协力，让世界上全体盎格鲁-撒克逊人以一种有组织的军国主义为基础，紧密团结起来，"去应对危险"——译成白话就是，踏倒一切可能妨碍英国统治世界的障碍。要理解荷马李的思想理路，就必须始终抓住一点：他充满了对盎格鲁-撒克逊人作为世界统治者的狂热赞赏和偏爱，为大英帝国以及盎格鲁-撒克逊人丧失权力地位的可能性深感忧虑。他的一切思考和想法最终都汇集为一个问题：不列颠的世界帝国如何才能维持其地位，如何才能避免瓦解和衰落？这也正是此书英文标题的含义，"撒克逊时代"（The day of the Saxon）指的是：只要撒克逊人意识到威胁自身的危险，为了应对而整军备战，撒克逊人时代就将持续下去。

　　然而，如前所述，荷马李忧虑深重，再次让人看穿了他的想法：盎格鲁-撒克逊人还没有这种认识，或者认识得太晚。他在书中认为，盎格鲁-撒克逊帝国的三大危险——日本、俄国、德国已经变得非常强大和具有威胁性，盎格鲁-撒克逊世界已经没有很长的时间去思索和反省了。出于这些理由，我们没有按照字面来翻译该书的标题，而是根据其含义，译作"不列颠帝国的命运时刻"（Des Britischen Reiches Schicksalsstunde）。

荷马李认为最急迫的危险存在于德意志帝国。他坚信，

> 德国人已经到了和英国开战的前夜。盎格鲁-撒克逊人对此有意识，但却按照对待人和国家的传统方式，否认这种冲突，不愿直面一切痛苦和悲伤的事物。

他认为德英冲突不可避免，是因为冲突的根源存在于德国扩张和扩张需求的本质，此外还存在于所有德国人推翻英国的世界统治地位并取而代之的意志。这个美国人认为，德意志民族彻底地渗透着俾斯麦式的精神和意志。

> 俾斯麦的强大精神寓居于德意志人身上。他们用他那阴沉的目光窥视，继承了他的残酷，也拥有他的伟大。他们秉承他关于真理的观念，而这种观念是日耳曼式的；他对公义的冷漠堪称野蛮，而他对国家的看法则甚为崇高。这个国家沉浸在为日耳曼种族的兴奋之中，忘记了上帝。

在这则言论以及与之类似的表述当中，我们看到，关于德意志帝国和德意志的本质，这个美国人表现出夸张而天真的无知，更不必说他对俾斯麦的幼稚理解了……让我们回想战前的时代，那时确实几乎没有德国人为日耳曼种族感到振奋，甚至完全不会想到这一点。与此相比，更近的危险反倒是德国日益炽盛的国际主义，连带着日益上升的富裕程度，以及生活方式和思想上与日俱增的物质主义倾向。

从荷马李的这两本书看，他是一个有着敏锐洞察力的坦率之人，尽管他的犀利失之片面，而且他还喜欢为自己印象深刻、如画一般的表达方式而感到兴奋。他极为重视缜密性和对人或物主要本质特征的认识。恰恰是这样一个人，竟能在当时对德国人和德

意志帝国作出如此根本错误的判断，这是多么引人注目。当然，他从未到过德国，除了去过一次英国之外，也没有到过欧洲。他对德国和德国人的认识单纯来自英国煽动攻讦德国的出版物。他根据这些材料形成了自己对德国和德国人的印象，而每个德国人都知道，这一印象在任何意义上都只是一副失真的图像。很遗憾，无论是过去，还是现在，他关于整个德意志民族都已经具有俾斯麦特质的赞扬也是错误的。附带评论一下，荷马李对欧洲乃至欧洲一切状况的无知，也可以归结到已经提到过的一个事实——他只是顺便讨论英国在欧洲的结盟关系。

不过，他不无道理地认为，德意志帝国在和英国发生碰撞之前，不能前进一步。"盎格鲁-撒克逊种族从四面八方阻碍着德国前进的每一步，无论是在政治上，还是在地理上。"这是一个正确的观点，但必须从与荷马李不同的另外一种意义上去理解。他所设定的前提是德国有暴烈的扩张欲望，因此对他而言，英国到处与德国对抗，无异是一种捍卫生命的行动。在事实上，德意志帝国和人民从未想过暴力扩张，只是要求在世界市场上能有自由和平竞争的空间。

值得注意的是，尽管以和平自由竞争为基础的德国外贸经济力量构成了这场战争的真实原因，荷马李却几乎没有触及这个因素；尽管荷马李写书之时，英国在经济上已经嫉妒到极点，任何一位关注列强关系驱动力的观察家都不可能看不出。在这里，荷马李又表现出其思维的某种公式化特征，他按照字面意思，把扩张解为区域的扩大，用手中的圆规去测量哪些国家要发生冲突，以及何时发生冲突。

他认为，德意志帝国受到英国的束缚，位于内线，因此在这个意义上更加强大。出于这种考虑，他判断称，相对于英国，德国注定处于进攻的态势。

荷马李怀着强烈的痛苦给他的英国表亲演示，坐视德意志成为一个帝国是多大的错误。"当英国允许德意志统一并占据欧洲中部，英国就失去了它维持欧洲权力地位的大本营……奥地利的统一和意大利的统一都是对英国权力的打击。但当英国放任日耳曼种族统一的时候，就给自己打好了棺材。"

近 15 年来，上述的这种思想在盎格鲁-撒克逊，特别是在英国的文献和出版物中屡见不鲜。但根据历史过程的的指示，事情自然略有不同：1864 年、1866 年和 1870/71 年，英国的政策确实尽其所能地遏制普鲁士的扩大和崛起，阻挠新的德意志帝国的建立。但英国的政治家们并未获得成功，因为俾斯麦的艺术、迅捷和精力懂得一再地创造政治局势，使英国无法亲自或借助某一欧陆势力对普鲁士-德国采取决定性的措施。当时的英国还未拥有一支差不多可用于欧洲战争的远征军。德意志帝国建立之时，伦敦、巴黎和彼得堡都早在 60 年代就出现了三国联合对抗这令人不快的新德意志帝国的想法。直到俾斯麦卸任之后，这个想法才缓慢地开始付诸实施，而且其间不乏挫折，直到 1906/07 年才最终成为现实。

荷马李断定，德意志帝国"必定会消耗掉"奥地利、丹麦、荷兰和比利时，这个想法也暴露出他对欧洲状况的无知。他以数学的方式来论证这个观点的必然正确性。的确，无可否认，这个想法包含了一定程度上的理论性真理，当然首先须将奥地利排除在外。强权政治的扩张并非必然，但如果和平再持续 10 年或 20 年，大概就成为必然了，比如德国的劳动和德国的货币就决定性地渗透到了比利时的经济生活之中。

这一过程和本来可能出现的类似现象，并不是建立在德意志的野心和暴力扩张的欲望之上，而是单纯构成了一种自然的经济过程，在相同的状况下，这样的过程将永远以同样的方式重复，而且必然重复。现在，战后的比利时必然要长期处于德国的宗主权之下，这已经得到了证明，因为这场恐怖的战争带来了彻底的变化，而且每天仍在继续引起变化。即便是这种必然性，也并非基于扩张欲望，而是基于保护德意志帝国的需求和保障德意志帝国的海洋自由、经济自由的必要。

荷马李可能会这样回应这个论据：眼下的状况如何以及外部可见的诱因并没有那么重要，相反，德国在比利时的宗主权恰好证明了他自身理论的正确性。但与此相对的是这样一个事实：比利时的新局势之所以形成，并非由于德国的政策和德国的扩张需求，而是纯粹因为战争——一场德国并不希望发生的战争。英国主导的同盟迫使德意志帝国加入战争之后，穿过比利时纯粹是军事上的必要，无论是取得了其政府的同意，还是违背了其政府的意愿，这一行动的必要性都是绝对不容异议的。换言之：当时让军队通过比利时，而后维持德国在比利时的宗主权，都是必要的，是被德意志帝国的敌人所强迫的，就像这场战争一样。

多年以前，法国的一位前部长德拉内桑（de Lanessan）先生写道：英国的无畏战舰无法进军柏林，英国必须在马斯河谷捍卫自己的国际地位，单凭舰队无法达到这一目的。荷马李也站在同样的立场，而且他也使用了和这位法国人一样的比喻，他从捏造的假设出发，称是德国迫使英国捍卫其自身的国际地位，或者说保护一种原本合法的财产。

美国人荷马李在这里也立刻进入了一般性和原则性的层面。他对大陆和岛国之间的战斗和战斗前景进行观察，同时也观察海军力量在这场斗争中扮演的角色。他正确地表明，如果英国在和德意志帝国的斗争中丧失了舰队，那么，不列颠的世界帝国就被毁灭了，英国本身就失败了。如果是德国舰队覆没，那么一切都照旧，他还指出，这种情况下的德国将更加有力地在大陆上扩张，英国舰队无法企及。这又是一番真伪参半的言论。

事实上，对德意志帝国来说，德国舰队的覆没不仅在战争期间是致命的灾难，在战后也是，因为在这种情形下，英国就可以随时任意地对德国封锁海洋,锁闭德国的海岸。荷马李当然不知道德国潜艇在失去海面舰队的支持之后,就无法发挥作用,此外,英国随时都有能力阻挠德国新造潜艇或新建舰队。

德国的工业产品将无法出口,德国长期生存和繁荣所必需的原材料也将不能进口。荷马李认为,如果一个大陆国家在国内有足够给养,海上势力就奈何它不得。但他忘记了原材料,也许在考虑的时候,他想到的是俄国,而不是德国。恰恰是德国已经在这场战争中认识到,长年遭到海洋封锁,任何进口都被迫中断意味着什么。德意志帝国有在贫乏的条件下维系其民众生存的可能性,也表现出了这样的能力。

但长期来看,由于全面的经济垮塌和要求德国付出一切力量的重压,这种自给自足将变得越来越艰难。根据荷马李的理论例证,如果德意志帝国只是单纯卷入了与不列颠岛国的一场战争,那么情况自然会不同。进口的给养和原料一开始就可经过陆上国界得以维持,比如经过俄国的国界。德意志帝国和人民就不需要为了前线而竭尽全部人力、给养和物质生产力。英国之必胜的把握主要就建立在德意志帝国的这种惊人的集中消耗之上。

在战争的第一阶段,当时的英国海军部长丘吉尔就向一个法国人描绘了这样的画面:德意志帝国就像一个因不得不四面御敌而耗尽力量的人,而此时,他的第三个敌人又堵住了他的嘴。堵嘴就是指英国舰队对德国进行的海上封锁。这样一块堵嘴布本来就让人难以忍受,更何况还要极大地耗费力量,如此,意志自然薄弱,这个人,也就是德意志帝国,将无法继续战斗,土崩瓦解。

如果就事论事,则荷马李的判断有其道理:只要不一定要依赖海洋,大陆强国相对于岛国而言确实具备优势。英国的传统欧洲政策表明,英国人并非不明白这一事实。英国一贯实行权力均衡政策,让欧陆列强相互牵制,让欧陆其他国家联合起来对付其中的最强者,在必要时让这些国家进行大规模的协同战争和毁灭性战争。通过这种方式,英国早先总能达到目的,且无需英军主体力量的参与。英国的政治手腕组织了这些战争,用资金支持其盟友,在政治上引导欧陆战争,在海上和殖民地则进行肆无忌惮的掠夺战争,最终又在和平谈判当中发挥领导作用和决定性的影响。

　　然而,在准备对德国发动毁灭性战争的时候,英国的领导人物已经有所怀疑,不确定事情的走向是否会一如既往。他们的这些疑虑催生了霍尔丹的军队组织和比利时签署的军事协定。但直到战争期间,人们才意识到,英国要想有希望实现毁灭德国的目标,就必须创造一支百万大军。在最高层,认识到这一点的是基奇纳(Herbert Kitchener)①勋爵。假如英国在和平时期就通过向普遍义务兵役制过渡而建立了这样一支百万大军,则对德意志帝国而言,战争之初的局势本会相应地更加艰难。但事实上,英国的权威们却信任占据极大人数优势的法俄军队,信任意大利会退出三国同盟和饥饿战的速效。

　　荷马李声称,在战争中,如果大陆国家并非完全依赖海洋,则单凭岛国的海上统治,不仅无法对战局产生决定性作用,甚至连本质上的影响都没有。就这一点而论,他又是正确的。不列颠群岛和海洋可以被看作是英国的军事基地,但真正的战场则必然是欧洲大陆。

　　　　在一场针对德国的侵略战争当中,英国舰队只有次要的地位。它唯一的任务是在海洋上保持主导地位。从始至终,英国舰队都依靠防御。唯有陆军才有本事和力量决定战争的胜败,促成一份延长这个世界帝国国祚的和约。

---

① ［译按］Herbert Kitchener(1850—1916),英国陆军元帅,参与过多场英国殖民战争,在第一次世界大战初期发挥了重要作用。

不过,这个观点仍然存在一个错误。在一场时间较长、海陆混杂的战争中,荷马李没有考虑到海上封锁对德意志帝国的影响。假如他知道英法俄比四国侵略计划的情况和法俄作为陆上强国的军力,也许他会对英国的战前政策表示高度赞同。无论如何,荷马李原则上坚持的立场是,大英帝国必须凭借自身的军力在欧洲大陆上称霸,掌握决定权;他从未说过盟友的军队能够替代组织强大的本国军队。至于在战前拥有一支本国劲旅的英国如何必须将欧洲大陆作为战场,荷马李决断得非常简单:

　　　一旦战争的意愿达到最高点,英国必须开战,而且开战的方式必须是占领那些关乎这个世界帝国命运的边界地带。

他所谓边界地带,指的是丹麦、荷兰和比利时,而且认为,要同时快速而隐蔽地运送远征军,部分通过北海,部分通过海峡,需要以庞大的组织和全面的筹备为前提。至少对于丹麦而言,即便英国真的有这样一支军队和组织,这一计划能否实施也并不重要。众所周知,1905 年摩洛哥危机之时,英国曾有意向日德兰半岛派兵 10 万人。但这个想法很快就被放弃了,相反,英国选择了法国北部作为登陆点,从那里出发,以比利时作为进攻德国的军队集结地。

另一方面,毫无疑问,英国政府及其机构不仅和比利时,而且也尝试过与荷兰及丹麦达成军事政策协定。但荷兰自感强大独立,没有参与其中,而丹麦考虑到自身的弱势,又鉴于德意志帝国在海陆两端都与它保持着压迫性的近距离,遂认为这样的协定过于危险。

荷马李完全没有料到存在这样的协定,而是分析认为,上述小国的中立从一开始就必然不受重视:

盎格鲁-撒克逊人若占领这些边界地带,单纯只是意味着伤害了这些国家的领土中立性,而非道德中立性。迄今为止,此类条件下国家的中立从来没有在国家间的战争中有过位置,而且也永远不可能有位置。那种中立只是一种现代的幻觉,意味着一种夸张的谬误。

他认为,没有一个国家比英国更加频繁地否定重视中立的义务。他举了几个这方面的例子,总体来看,都是正确的。但当他指责英国在对待帝国存亡的紧迫未来之时优柔寡断,则有失偏颇。我们只消提出一个问题:在和平时期,英国如何能够实行(荷马李所勾勒的)计划? 通过奇袭达到目的是不可能的,突袭的准备会被发现,或因德国的军事戒备而落空。因此,唯一的方向就只剩下和那些中立国达成一致,而后共同进行最大规模的准备。

至于这样的准备是否可能,仍然值得争议,因为对德国来说,其中最重要的准备工作——在和平时期创建一支英国的百万大军,会直接成为决定性的信号。另一方面,荷马李还有两点是正确的:英国人在和平时期不会理解普遍义务兵役制;许多英国人,即所谓"蓝水学派"(Blauwasserschule),认为一支主导海洋的强大舰队就是英国所需要的一切。

从这些概略的判断出发,加上与之进行比较,读者应该能够在这个美国人的文字上发现,要在世界大战上检验荷马李的理论正确与否,显然是成问题的。被纳入体系的理论和原则性知识永远都比生活和实践来得简单。对于各民族和各国家之间的合作与对抗来说,尤其如此。世界大战的每一个阶段,世界大战形成的每一种方式,都已经证明它不能套用任何公式。在荷马李的观念里,只有一种伟大的基本思想经受了现实的考验,那就是英德之间的对立必将导致冲突。

早在战争爆发之前 10 年,意大利和法国就已经很清楚地看到这一事实，比利时使节的报道也提供了更多的证明。相反，在德国却只有少数人认为冲突是不可避免的，大多数人，包括政府中的那些大人物，都坚信英国会在旁边为德意志帝国留出一个空位。这些德国人对此深信不疑，而且经常以口头和书面的形式表达称，事实上英德之间完全不存在冲突的基础。值得注意的是，我们发现在荷马李的书中，这一点几乎没有得到与其重要性相称的强调：冲突的根源是实际存在的，尽管只存在于英国方面。这根源在于德意志帝国的经济繁荣和德国作为出口工业国的重要性快速提升，由此成为英国的经济竞争对手，同时又是欧洲大陆上最强大的国家。即便人们不愿意在德国承认这些冲突原因在政治、经济和道德上的正当性，那他们也本应该认识到，这些原因早已存在于英国，而且必须予以更多重视，不可像战前德意志帝国的政策那样等闲视之。

在战争尚未开始之前的几年中，一位英国海军军官在其一篇获奖论文中论述道，英国近300年来的一切战争都必须归结到贸易。当然，为了制造契机和借口，英国人是尽其所能，不遗余力的。但战争的根源始终都是贸易，因为贸易乃是英国赖以生存的血液。关于贸易这个决定性的观点，荷马李几乎没有论及，尽管在我看来，他的理论-系统研究本来必须给贸易留下应有的位置。

正如读者将看到的那样，荷马李的眼前浮现的主要内容永远是双方的疆域扩张问题，而不是经济扩张的冲突领域。在他眼里，英国所面临的处境是可能把通过坚韧、舍弃和英勇而争得的世界帝国输给侵略成癖的德国或日耳曼人。荷马李认为，德意志帝国不仅有意把英国的财产据为己有，而且根据自然和发展规律无可避免的必然性，也必定会这么做。显然，这种扩张理论的荒谬性，在德国人看来不证自明。

但是，有一点是正确的：如果英国不允许德意志帝国在世界上与之并立，那么这两个强国的道路早晚必然会相互交叉。事实上，这种允许曾经是可能的,而且英国无须为此放弃一寸土地。相反,英国本来必须接受德意志帝国在欧洲乃至世界上日益提升的经济和政治地位。荷马李把英国看作是保卫自身财产的一方,但实际上,无论是战前还是战时,德意志帝国才处于防御和保卫的状态。英国的世界帝国完全是通过占领和侵略战争,通过大大小小的掳掠而建立起来的。保持欧陆列强之间的不和与纷争,是英国政策为了达到此目的而周密实施的最有效手段之一。

当然,大陆上也存在有意侵略的好战国家。但若要说到一种(占领的)权利,则大陆国家拥有和英国同等的权利,甚至比英国更有权利,因为岛国被海洋环绕,而大陆国家则有邻国。英国使用政治手段运作了 10 年,建立了用以进攻德意志帝国的国际联盟,而这样一个德国,的的确确不是好战国家。相反,德国的政策是一种高度和平的政策。从 90 年代开始,错误出现了,那就是德国的政策无条件地要和平。这在数次摩洛哥危机和其他事件当中都表现得始终如一,无懈可击。敌方进攻之前先发制人的最佳机会已经错过了,如今敌人对我们的印象是,不仅德国政府日益无力,德国人民也愈发衰弱。后一种观念在战前的英国和法国文献中体现得尤为明显。正是这种观念,成了战争的根源和战争爆发的诱因之一。

即便荷马李经历了这场战争,他也不会看到上述内容,也不会在他的书中予以考虑。他仍然只会在英国及其盟友对德意志经济地位发起的战争中,看到一场神圣的盎格鲁-撒克逊世界帝国的保卫战,而占领德属殖民地也是理所当然的。他会知道英国的传统:利用每一场大规模欧洲战争来扩大英国在世界上的殖民统治。不列颠世界帝国必须统治一切,必须镇压任何一个民族的独立冲动,否则就意味着英国的衰退乃至毁灭,从这个视角看,荷马李认为利用战争来扩大殖民统治的行为也仍然是防卫。

荷马李的书,包括他的第一部作品,都对盎格鲁-撒克逊衰落的表征深感忧虑。他认为自己已经看到了这些表征,谈到盎格鲁-撒克逊人的懈怠和懒惰,谈到他们不敢正视带有威胁性的征兆。在他看来,英国的退步从滑铁卢就开始了,而同时,普鲁士、德国则开始崛起。滑铁卢本应成为大英帝国激动人心的未来推动力,但它却成了过去的一尊纪念碑。英国的世界霸权像一个封闭的圆圈一样把地球包围起来,荷马李将其比作中国的长城,虽然仍旧存在,仍旧宏伟雄壮,无穷无尽,但已经无法满足其当初建造时用于抵御外敌的目的了。

因此,荷马李对盎格鲁-撒克逊的未来持悲观态度,因为他发现英国在退化。经过一个世纪的安稳生活,英国人任凭其尚武精神沉睡,战争能力衰退。荷马李说出了德国人也时常说起的话:不列颠世界帝国的产生不是因为不列颠民族自身的能力特别突出,而是因为其他民族和国家,尤其是欧洲国家的无能和涣散。这一思路使他得出了上文提到的判断:英国永远都不允许任凭德意志统一、意大利统一以及奥匈帝国实现内部巩固……不列颠民族害怕看到未来。在冷漠和自我欺骗之中,英国人想象着今天海军对于岛国的重要性还和300年前一样。今天的岛国如果不想长期只停留在一个小岛的状态,就必须拥有一支强大的陆军,使其足以和周边最强国家的军队抗衡。为了证明这一点,荷马李举出了日本和大陆上的日俄战争为例。

他认为,尤其对岛国而言,之所以海军以及海洋主导权的重要性相对下降,主要在于以下因素:技术发明,尤其是交通手段的进步,使地球尤其是海洋变得更小,距离的概念早已和当初不同。这些新状况及其后果就是各国的需求增长,其自然资源不足以满足需求,因此到处寻找新资源。当年英国人独自航行在看似无边无际的大海上,探索未被开发的国家,如今所有国家都在相互的持续摩擦之中随意地活动;当年有英国战舰的地方,已经出现了大量强大的舰队。

　　另一方面，荷马李认为，陆上交通线存在越多，修建越多，比如俄罗斯的远东铁路、巴格达铁路、已有规划的波斯铁路等，大陆上的大国就越来越不依赖于海路。相反，岛国在这方面却变得依赖和脆弱，因此在和大陆国家作战时处于劣势。我们已经知道这种思路了。英国的历史、霸权和日益上升的国际影响力始终证明了荷马李的论点：英国的强大和影响取决于它对欧洲大陆事务施加影响的可能性。早年间，单纯通过舰队和政策就可以达到这个效果，但现在只能借助于一支强大的军队。

　　尤其从荷马李的第一本书来看，我们可以认为他是国际政治方面的理论家和哲学家。他对理论化、公式化和体系化的倾向为这本书打下了烙印。有时候，他对抽象的偏爱有些过头，成了矫揉造作。尽管如此，他仍然始终富有见解和原创性。他说着自己的语言——一个自学成才者的语言。他的思想路径也是充满个性，通过努力而铺就的。在翻译过程中，我尽力让译文维持原文的色彩，尽可能地注意荷马李作品一切细节当中的思维图式和语言风格。我时刻意识到，译文保留着一种沉重拙朴的风格，但这种沉重拙朴也同样主导着原文。

　　荷马李是一个极其不美国的美国人。他思想和风格之中的好与坏的方面都往往令人想起德意志的精神，他对体系和抽象的偏好，对区分本质和非本质的偏执追求，把重复出现的、经受住了考验的基本原则和各民族生活的原初动机从相互交织的、混乱的因果律当中分离出来，这些无不具有德意志的风格。他一直在努力地断定，哪里是深层的底流，哪里是变化莫测的表层浪花。他所做的这些区分透出一种犀利，但有时，这种犀利也许过犹不及，因为最终，那些基本原则和他偶然提到的那些事物之间永远没有直接的联系，永恒的法则和他认为短暂的事物之间也是如此。

　　毕竟，一切事物最终都互为条件；人类生活和各民族生活、宏大和微小、短暂和长久乃至在我们看来是永恒的事物，都互相制约。人类乃至各民族的特征,气候状况及其变化都包含在这些联系之内。在人类历史的框架下,只有地理形态可以被赋予一定程度上的绝对意义。但这也只是表面现象。荷马李自己就指出,在地表地理学和各民族生活之间的关系上,交通状况就彻底改变了地理学,从而打破了地理形态绝对意义的表象。此外,当一个人不容置疑地谈论永恒法则,而不是人类法则,则他的言论永远是可疑的。毕竟荷马李的能力尚不足以为此。

如果说荷马李身上对纯粹逻辑区分的偏好可能有些过度,那么他的方法之中则确有一些非常具有启发和教育意义的因素。在军事领域,人们一般习惯于从短期而多变的观察角度出发去思考问题,而荷马李的方法恰好就应用于这样的一个领域,所以就尤其体现出其意义。

几年前,一位英国政客写道:必须习惯于在大陆上思考。而荷马李则只在大陆上思考,这是他的优势,也是劣势。有时候,他用以思考的标准过于庞大,有人会认为,荷马李具有远视的特征:他看不到近处的事物,或者看不清楚。

他喜欢谈论神和神性,但在这个方向上尚未形成一种坚定的内在观念,他偏好游荡到形而上学的领域,也是这种情况。他时而似乎是语出讥讽的唯物主义者,时而又是半个崇拜者,崇拜他自己害怕说出名字的永恒力量。

荷马李死在 1912/13 年,很遗憾,彼时他已经计划和开始写作的第三本书仍未完成。他当时 37 岁,生于弗吉尼亚州,在加利福尼亚的某个学院接受了教育。从少年时代开始,他的精神兴趣就集中于历史、国际政治和政治研究。他的同学们在背后议论,说他能够背出历史上所有的战役。青年时,他在加利福尼亚寻求与中国人交往,学会了汉语,并在 1900 年宣告自己有一天将杰出地参与推翻清王朝的事业。

当时,这则断言招致了来自同伴的更多嘲讽,因为荷马李不仅身材矮小，而且还驼背，近乎半失明状态。他和中国人的交往极为深入，导致他的美国熟人都逐渐与他疏离。甚至有传言称他母亲来自中国。荷马李的一幅肖像画表现出他面孔上的某些蒙古特征。多年以后，他在旧金山和著名的孙逸仙博士相识，获得了孙的信任和尊重，在实际上成了孙逸仙筹备中国革命的第一位军事顾问。他随孙去了中国，以总参谋长的身份组建了革命军，组织了成功对抗政府军的军事行动。

至于他在那里的活动细节究竟如何，从客观上看，目前自然无从断定，但不管怎样，他凭借自己的意志和精神，实现了10多年前参与推翻清廷的梦想，这是典型的荷马李的特质。我们会不由自主地问道：他对推翻清朝感兴趣的理由是什么？这个问题的答案就在他至今已经出版的两本书里。一个建立在民族思想上的强大的中国是盎格鲁-撒克逊世界的直接后盾和盟友，因此对荷马李来说是必要的。是故清王朝必须消失。在荷马李身上，思考和行动，理论关切和实践关注完全是一致的，而且他尝试尽力按照自己的著作去生活。

荷马李从中国回来时已近乎失明，重病缠身，很快就去世了。他可能属于那类受到悲剧命运压迫的人，这类人没有从自然那里得到和他们精神及意志相匹配的肉体。这是他的第一个悲剧，而他人生的第二个悲剧，也是最大的悲剧，也许就是盎格鲁-撒克逊人统治世界的梦想没能实现。

我们德意志人拥有其他大多数民族已经丧失的一个特质，就是公正客观地尊重一种成就，哪怕这种成就的目的是我们的毁灭，哪怕这种成就的精神与我们敌对。同样，我们也带着坚定、务实和批判的关切去阅读这本书，同时也伴随着我们对作者的个人兴趣——他有着蒙古人的脸型和德意志的理论风格，向我们展示了一个不美国的美国人。这个美国人的第一本书完全就是对美国的一则独一无二的巨大而激烈的批判，怀着轻蔑，把美国引以为傲的神圣事物,包括内战时期民兵的军事成就,贬损到了极点。就是这样一个美国人,写下了如下的句子:"尚武的才干是守护神,上帝只会赐给每个种族一次。"

认为荷马李著作中的一切理性、政治和军事演绎推论不正确的人,也不得不承认,其作品中确实存在一曲歌颂尚武精神的令人印象深刻的赞歌,承认尚武精神作为各民族唯一守护者的意义。在这个意义上,《不列颠帝国的命运时刻》尤其也值得向德国人推荐。这本书的作者是所谓最自由的共和国的儿子,这个国家的民众看似是商业精神的化身,远离带有"军国主义"味道的一切。但就是这个美国人却赞美军国主义,赞美战争,鄙视商业和民主,厌恶世界和平,把最终维系国家的基础建立在物质力量上。对他来说,一个梦想着世界和平的国家,就是一个堕落的国家。许多德国人可以从这个奇怪的美国人身上学到许多,但能够摆脱他精神魅力的人却很少。这种精神照亮了他有时古怪的思路和想象。

荷马李如此喜欢强调的各民族的悲剧性,恰恰反映在他自己的精神上。他的内心观照拥有一种奇异的,有时带有诗性的力量。在他的身上,历史的重大事件和各民族的命运至今鲜活,而且我们也感觉到这些事件和命运如何沉重地压在他身上。即便荷马李可能不愿意承认,但这种内心参与的程度,甚至可以说是自身与事件的融合,则又是德意志的特质。我完全相信,他在德国会遇见比在他本国更多和更严肃对待他作品的读者。在英国,这本书被罗伯茨一党利用了,但那里的人对荷马李的抽象倾向和深度几乎没有任何概念。

我们还需探讨一下作者形象语言的特征。由于他不无道理地把这本书视为《无知之勇》的续作,所以在这里没有解释多次出现的"汇合型"(konvergierend)国家及其汇合型扩张或发展轨迹的用法。当我们用利益冲突或利益分歧的概念来描述这个现象时,荷马李却根据两条相互汇合的直线的想象选择了他的表达方式。

对于他而言,各民族的生活就是运动,这种运动永远都有一个主导方向,就两个民族而言,这种方向或者是平行的,或者是汇合和会聚的,又或者一个民族的发展轨道直接进入另一个民族的道路。

最后一种最简单的情况就直接意味着冲突,即两条扩张轨道汇合的时候。局面就取决于轨道延长线相交形成的角度大小,更进一步则取决于轨道的长度和沿轨道运动的速度。最终冲突的出现就根据上述不同的情况来测定,而由于世界上的国家远远不止两个,因此不同的组合就更多了。这种直线汇合的比喻几乎贯穿了他所有的思路,而且荷马李对此如此固执,有时甚至不惜牺牲原本可以很好的表述清晰性。尤其是对希望了解作者一般理论和总体观念的读者,我们推荐去读一读他的《无知之勇》。

夏洛滕堡,1917 年春
(译者单位:南昌航空大学德语系)

前　　言

过去几年，我一直在思考新时期的军事科学，因为这对国家存在深远影响。这是我写的第二本书，第一本是《无知之勇》(*The Valor of Ignorance*)，第三本还未完成。

在此，我要感谢关注本书进展的诸位友人，特别感谢瑟索堡(Thurso Castle)的辛克莱(John George Tollemache Sinclair)男爵帮我寻找各种数据和资料。

这本书的撰写经历了重重困难。起笔是在美国，各章节写于各个大陆和海洋，最终在亚洲杀青。开篇于和平，结尾完成于近期的一场战役。

荷马李

中国南京

卷　一

这是一条适用于全人类的自然法则，不会因时间而废止或消亡：更有力量、更卓越的人应统治那些弱小者。

狄奥尼索斯（Dionysius）

第一章　撒克逊人及其帝国

国家解体的起源

[1]在思考哪些利益对国家生存至关重要时，我们发现很难将其与促使人们努力满足的个人需求区分开来。两者同样为冲动所驱使，为形形色色的虚荣和恐惧所掌控。国家对其作为的反省不会比个人更多，危机的影响与事件发生地点、时间的遥远程度成反比。与内部事务和当下的国内热点相比，过去或未来发生在国外的事件，其影响力自然不可同日而语。

[2]从一个人对于自己的当下和周边环境的忠诚程度中，我们可以找到一切国家和种族分裂的根源。当人们为了上帝的荣耀不情愿地放弃自己的简陋房屋，为了永恒的平静而放弃焦躁的生存时刻时，他们的种族纽带多么脆弱，承负的希望又多么渺茫！

通过观察人们使家庭免于穷困、奴役或毁灭的努力程度，我们可以对他们的家庭德性做出评判。广而言之，从他们为种族保存做出的努力中，我们可以评判他们的政治德性。如果疏于照顾家庭的人应受到嘲笑，那么，一个逃避对种族所负的责任、使家人和同胞被征服或消灭的人又该受到多大的轻蔑啊？

精忠报国不过是家庭责任的一种更高尚的观念。国家是家庭的集合体：爱国主义就是家庭德性的合成物。同家庭的毁灭一样，国家的毁灭也源于疏忽。忽视家庭的结果是失去家庭，忽视国家的结果是同国家一起毁灭。只有在种族的存续或回忆中，个人才是世界的一部分。

战争的法则

这种疏忽，及其起因和结果，使得其他国家走向衰落。而如今的大英帝国，正处于同样的境况之下。[3]战争使这个帝国得以形成，还将延长或缩短其存在的时间，这取决于英国人是否为日益临近、不可避免的斗争做好准备。战争决不属于临时性法令或人类的激情，而是属于人类或其体制尚未认知的基本力量。

决定战争时间长短的因素，实际上从未变化。大英帝国与世界的军事关系的限定条件可概括为三项原则：

1. 如果大英帝国在和平时期针对其最强大敌人相应地做好战备并不断推进，战争的数量、持续时间和伤亡人数将降至最低。

2. 如果军备只与军力最弱的国家相当，英国只能对这样的国家开战。战争将持续最长的时间，人员、财力的损失将达到最大。

3. 如果敌方的军备高度发达，大英帝国却乏善可陈，敌方在欧洲针对英国或针对印度战线，接下来发生的将是帝国的灭亡。

[4]正是由于撒克逊人现在害怕思考的这些原因，大英帝国才将被摧毁。正由于这种逃避，大英帝国的防御才日渐薄弱，解体的时刻也逐步逼近。

新旧爱国主义

英国国土广袤无垠却脆弱无比，要理解撒克逊人这一帝国的真正意义，人们就绝不能对其军事发展抱有成见，而是必须了解英国爱国主义的基本原则。

此前从未有任何民族像撒克逊人一样在全球留下印迹，划出猩红色的权力弧圈。这条细长的撒克逊红线,稀疏错落,如鲜血般殷红,只有凭借英雄主义和种族忠诚才能筑就。人们还没有发现这条线没有到达过的地方。它横贯大洋,穿越沙漠,行至人迹罕至之地,经过圣鹮捕鱼的沼泽地,翻越从未湿润过的沙丘,攀登积年不化的雪山。撒克逊人遇到过各式各样的风暴,经受过千辛万苦,与诸多种族交手,对抗过形形色色的疾病。这条撒克逊之线成为了地球的腰带,充满悲剧和英雄主义意味,把世界上所有古老、伟大的地方系在一起。人们对撒克逊之线的责任保持沉默,忽视其取得的成就,鄙视为其倾注的心血。但它却带给这个现在漫不经心种族一个前人未知的世界,[5]一个日月星辰闪耀、暗夜永不会降临的帝国。

撒克逊人有一天会意识到其疏忽造成的严峻后果,并摆脱对自我陶醉的安全的错觉,但也许永远意识不到。对他们来说,忧郁的黎明现已来临。人们对昼夜交替已司空见惯,日出而作日落而息。他们醒来后发现,入睡时的和平世界已变成纷争之地,宁静祥和的夜空群魔乱舞,诸神的眷顾一夜之间换作为神所弃。这一直是诸多国家的命运。它们同撒克逊民族一样在荣耀、希望和自负中沉睡多年;在某个命定的时刻醒来时发现,自己身处一个野蛮的清晨,衣不蔽体,凄凉无助。

第二章　大英帝国与战争

国家发展的基本战争原则

[6]轻视战争同否认死亡一样,属于自欺欺人。这是对深层事物的嘲笑。这是对可憎现实的仇恨。人类因而将战争隐藏在意识的深处,那里尘封积聚着他们的隐忧。基于隐藏的民族勇气不过是民族恐惧自发的表达,是在必然性推进下的疯狂挣扎。从普遍意义上说,逃避对个体灭亡的思考就等同于不尚武的国家对战争的逃避。人们认识到二者不可避免,却只把这一认识应用于其他人和国家,而非自己身上。

[7]战争是生命的一部分,其在国家生存中的地位是固定的、命定的。人类的模棱两可不能影响战争的地位,人类的法律也影响不到战争的实施。战争是国家发展中的一项基本原则,对战争的准备必须具体细致。人们对战争无法嘲笑、否定或害怕,也无法用人类的法令代替人整体认知到的法则。

一代政治家们的政策,无论好坏,只会在较长一段时间内影响国家事务。国际关系经常会出现重新调整,对政治家的政策形成有效的制衡。对此起决定作用的不是政治家自己,而是外部条件。除非对政策和体系进行重新调整,政治家对外部条件则既无法控制也无法防御。

军备的变与不变

一国的军事政策必须要以这种方式得以实施。相同的外部控制仍然至关重要,恒定不变。战争的可能性从一国转移到另一国,因此战备必须做相应的调整。一个国家必须一直保持备战状态,但这种状态是具体的,会不断变化。

大英帝国在军事发展过程中否定了这一根本原则,美国和中国也一样。如今,中国正为其嘲笑付出代价,尽管惩罚还没落到美国和大英帝国头上,[8]但这一时刻正在临近,到时受到蔑视的老夏洛克将会使两个国家裸露出他们的胸膛。

对于专注于私事的民众来说,预言战争的到来、开战的地点及冲突的方式是不可能的。因此,在民意占主导地位的国家,根据民意控制立法的程度,战备将变得笼统并在实战中毫无用处。

资源的确定和时间的评估

在国家的形成过程和最终消亡中,明确战争何时来临或来临的大致时间并没有什么不确定或神秘的因素。但只要影响战争的立法为民意所左右,此类立法就无法保持一致性。在受到宪法局限性的约束时,此类立法就会僵化,患上干腐病。就像尘菌一样,外表虽然像细菌,但其内核只不过是尘土。

在盎格鲁-撒克逊种族的国家里,有一种特性正大行其道,即允许个人需求凌驾于国家存在的重要利益之上。我们发现,这一特性正是军事停滞和衰退的源头。

阳光不会总停留在第一缕光线照耀的地方,政治军事形势会不断变化。只关注私事的人感受不到这种日日变化的迅速性。[9]这种人以相同的方式看待国家、国际形势的发展,如果他关注这些事情的话,就像漫不经心地看着一条溪流。他把溪流看作一个整体。然而,正是无数细小的微粒构成了溪流和(使之不断运动的)永不停歇的波涛。从远处看,河流似乎静止不动。盎格鲁-撒克逊国家的个体以类似的方式看待国家事务的流动、流量。正因如此,他们的军事体系才一成不变。然而,如果国家和种族要生存,它们就应根据体制中的决定性因素经常保持灵活性。

不变的生存法则

至于和战争的基本特性的关系,大英帝国与过去的其他国家也没什么不同。尽管受到不同条件的支配,但军力的运用与其他国家的军事行动可能没有相似之处。我们现在关注的不是英国人的尚武精神,而是英国的构造和基本原则,这关乎帝国的延续存留。

意识到这一点可能很痛苦,就像思考国家的脆弱性和人们徒劳地努力在普遍和平的幻像中寻求避难所一样苦涩。但是,生存的自然法恒久不变。[10]只要使军事发展一直与其政治扩张和经济发展相匹配,撒克逊帝国就能持久存续。这种军事发展必须与其他国家(单个国家或国家联盟)军事、政治和经济扩张相适应。无论是军事、政治还是经济,只要他们的扩张没有与英国的既得利益交汇,英国人的尚武精神就会处于休眠状态或逃避其应担负的责任。

大英帝国的建立与其他国家类似,原因和手段完全相同。通过战争、征服、偷盗、诡计和野蛮地使用武力,英国就这样一点点地积累而成。

所有国家发展都有着显而易见的野蛮和残忍,我们不必为之找借口。隐瞒这一点就是否认事实,美化野蛮就是对真理的愧疚。生命中不残忍的东西很少,除了我们的理想。参与的人数和集体活动越多,残忍的程度就随之递增。

国家无法凭纯粹的道德或精神扩张得以创建或变得强大。在大大小小的政治实体中,从部族到国家的建立依靠的都是武力。只要这种情况出现逆转或试图逆转,其后果就是内部瓦解或突然毁灭,[11]被肢解的土地将并入征服者的疆域。

基于四个国家碎片的大英帝国

大英帝国就是以这种方式将四个海洋国家的碎片拼凑起来,占领小领主的辖区和野蛮人的荒野。

葡萄牙和西班牙接手威尼斯和热那亚的商业霸权后,通过发现和征服,实际上已经瓜分整个世界。在约翰三世(John III)忧郁的统治末期,葡萄牙的军事衰退初露端倪,最终使其退出统治王国的阵营。西班牙在荷兰叛乱后以类似的方式开始走下坡路。

荷兰、法国和英国从这两个衰落国家手中接过权力,其方式与葡萄牙和西班牙占有其他国家、部族的财产的手段一模一样。

《布雷多和约》(Peace of Bredo)签订后,荷兰开始衰退,充斥着不和、绝望和必然性。荷兰患有国家的古老疾病,麻痹性痴呆,幻想贸易、黄金构成的国家财富能使其不断发展,不受同时期军事扩张的威胁。因此,荷兰从伟大的讲台跌落,蹲坐在其他王国脚凳的阴影里,成为一个身着普遍和平杂色戏服的小丑。

[12]跟随荷兰衰落的是法国,始于七年战争,终于法国大革命。法国作为海上霸权的衰落,意味着陆权国家称霸海洋的结束。到18世纪末,英国收集了这些国家的残骸,但她并不对这些残骸负责。由于这些国家的自负和无知,由于英国的勇敢和残酷(那些国家也曾如此),英国将他们的海洋和辖区逐一收入囊中。

现在面对的四个强敌

大英帝国建立了人类从未知晓的霸权,但100年后面临着四个而非一个国家的竞争,以最终争夺对三分之一世界的宗主权。这四个国家比过去更有资格从撒克逊人手中抢走权力。从16世纪中期至 18 世纪末期,撒克逊人一直有能力用武力掠夺葡萄牙、西班牙、荷兰和法国。

但在这些国家军事的潜力中,人们找到的不是大不列颠人的那种恐惧,而是 16 世纪征服和 20 世纪征服的根本差异。早期,各国的追捕猎夺不过是由于个人对战利品的贪欲,因而规模有限。现在一切都变了。[13]个人让位于个人的复合体国家,抢夺城镇、酒馆也让位于掠夺全世界的自然资源。现代文明使人类进步和政治体制的霸权都离不开自然资源。战争在古代是个人之间无序的冲突,现在则是国家间预先决定的争斗。在物资丰裕的时代,人类贪求的不过是一己私利,人与人之间是掠夺而非战争。现在,各国的斗争是对自然的最终争夺,强度逐年增加,不仅仅是人口的增长,还有材料学(material science)的发展以及人类文明永远得不到满足的贪婪。

支配未来决定性敌对的法则

如果未来爆发决定性的冲突,支配性的法则有如下两条:

1. 如果一国的资源与其军力成反比,敌国的军力又适合其种族的需求,当一方的军事衰落与另一方的经济需要达到某一界点,战争就将爆发。

2. 如果军力较弱的国家阻止军力较强的国家开采其自然资源,一旦军事强国的经济需求超出自身的自然资源,战争将爆发。

从这两项原则中,我们会发现,届时必然落到大英帝国头上的那些战争的真正原因和可怕程度。

[14]战争突发原因的外部显示无法决定战争的必然性。这些原因与战争的源头没有关联,尽管看起来奇怪,只对战斗本身有细微影响。战争的根源恒定不变,只是观察者的视角不同而已。明显的突发原因都是暂时性的,随时来去,正如火山口飘荡的轻烟。然而,错误武断的理论正是基于这种不重要因素的来去。

　　随着人类文明复杂程度的增加,民众对政治事务的控制也相应增加,个人因素在战争中正在消失。在未来的战争中,国王的怒火和部长们的计划将没有任何作用。战争源于国家、种族之间的接触,源于扩张的交汇。基于这一事实,不确定的因素、君主的仇恨和部长的野心都被消除,决定战争临近的因素日益确切。我们曾阐述过支配国家扩张会合的法则(参见《无知之勇》)。

　　战争的基本原则始终没变,也将一直如此,直到人类结束争斗。[15]只有战争当下的原因和方式,压垮国家间和平的最后一根稻草,会随时代而变化。战争的主导因素过去是个人,现在是国家,将来是种族。

　　在大英帝国的政治地理形势中,我们必须仔细观察这个国家对战争的摆脱,看到它正处于斗争的风暴中心。明天的某个时间,这些可怕的斗争必然会在这个世界降临。

　　如果英国以精确的比例退出他国的扩张范围,它就能从斗争的环境中脱身。如果相反的情况属实,英国就置身于战争的范围中。

　　与以往伟大帝国相比,英国的自治领土有着不同的特性。英国不仅拥有地球表面四分之一的土地,还拥有五大洋的霸权。正是这世界的85%让他国对撒克逊人嫉妒愤怒。英国对世界表面的85%实施统治,行使何种程度的主权就意味着对其他国家的权利及其在陆地海洋的扩张进行何种程度的压制。

　　引发战争的并不是英国广袤的领土,而是其领土的地理分布。英国不是一个孤立的主权国家,不像俄罗斯帝国那样偏居一隅,[16]相反,英国在全球形成一个圈,全世界所有国家都处于这个圆圈之内。只要进行自然扩张,任何一个国家迟早要和英国领土发生直接接触。

　　用不着我们来评论这个预示性的圆圈,它巨大而幽暗,带给人类如此多的恐惧和感激,如此多的自由和战争。我们阐明这一圆圈的存在和潜力就足够了。

目前，如果不先摧毁撒克逊人的主权，没有哪个欧亚大国能推进其扩张半径。在自然法的决定下，这些国家如果不推进扩张半径，就要走向衰落。正是由于这一点，欧洲的士兵数量才超过1600万，亚洲的士兵数量也超过300万。他们会在某个预定时刻喷发，独自或联合起来打碎英国广袤却脆弱的权力圈。

撒克逊的军队不到50万人，依照这一没有尽头的圆圈分布在世界各地，防备处于其他各国的2000万士兵。这让人想起类似的情景：从中国五台山北坡往下看，古老的长城在群山间蜿蜒，就像英国在领土上修建的城墙一样，再也起不到任何防御作用。长城越过连绵的山脉，穿过沙漠，跨过河流，[17]环绕着大小城邑，一直往前延伸，让人不知道何处是起点，何处是终点。但长城的尽头就在那里，那万众瞩目之处。长城不再是一道墙，而是一座丰碑！

我们现在要思考的是，英国的"长城"不是在穿越北部边境，而是在整个世界环绕。我们看到的不过是古代长城的现代版。古老长城的烽火台已破败不堪，倾覆它们的不是时间而是人。撒克逊人自己而不是其敌人，熄灭了篝火，拆毁了雉堞，扩大了堡垒间的空隙。与中国的古长城一样，英国长城不再是一道屏障，而是一座丰碑，一座纪念修筑长城的死者和业已逝去的精神的丰碑！

尚武精神的三个阶段

迄今为止，我们发现，一个种族的尚武精神主要取决于必然性。一旦这种条件消失，有赖于必然性的尚武精神就会衰退。即便这一种族在后来的某个时期又回到这种必然性中，尚武精神也不会与必然性同时回归。正是由于这一悲剧性的事实，一个国家只要比其他国家更卓越以至于显得无坚不摧，都会出现尚武精神的衰退。当这种衰退达到临界点时，这个国家都会被摧毁，无论它有多少财富、土地或人口。

[18]尚武精神可分为三个明显的阶段：

1. 生存斗争的尚武精神。

2. 征服的尚武精神。

3. 争夺霸权或所有权的尚武精神。

在第一阶段，一个民族的军事天才将施展抱负。在最后一个阶段，一个国家正在最终离开人类的事务。

撒克逊民族显然已进入尚武精神的最后阶段。曾经塑造帝国的古老理想被遗弃。尚武精神也成为考虑时的次要因素：它现在不过是一种林鼠（trade rat）的精神，思恋并满足于财富积累。但这种积累对国家和民族的发展并无用处。

因此，本书的目的不仅是检验战争（最终必然导致帝国的毁灭）的可能性，还要审视撒克逊民族在末日来临前军事复兴的可能性。

我们已经在一般意义上思考了决定一个民族或国家军事衰退的主要因素，但遗漏了一个显著的因素，即政治家对于国家发展方向、国家理想和体制的掌控。悖谬的是，随着民众对政府事务的影响力增加，政治家的掌控力也在削弱。人在自我欺骗时最容易上当。[19]自欺是人类的一项法则。因此，在依赖民众意志的政府中，政治家要给政客让路。这些政客懦弱的天性臭名昭著，他们只会选择阻力最小的路线跟着民众跑。在国家事务中，这一路线只会造成对理想最恶劣的亵渎：个人的贪婪高于国家的统一和存续。

如果英国政治家在军事征服的末期预先采取措施以保留撒克逊人纯粹的尚武精神，使人们远离商业霸权的汗水和虚伪，就不会存在我们将要在本书中思考的那些危险。

事实确实如此，在短暂的任期内，即使最睿智的政治家也会采取一些权宜之计。但平庸的政客从未想过国家及其职能与个人的真正关系。在履行职责对二者进行区分时，他们使未来让位于现在，国家让位于个人。

随着民众权力的增加,关注外部事务的政治家的智慧就会相应地减弱。因此,政治家对战争的判断并不好过选民的意见,这也就不足为奇。他们没有认识到一项原始的原则,即国家扩张及相伴随的战争受自然法支配。[20]他们推断,这些法则和战争都是自己的产物,因为引发扩张和战争的力量都通过他们代理运作。

在如此关键的时刻,我们却发现撒克逊人正沉醉于自我欺骗,就像一个慵懒自满的胖子打量着笼罩在其阴影之下的周边世界,目光彬彬有礼,但却充满蔑视。政党政治使国家陷入黄色的迷雾,并努力在这转瞬即逝的朦胧中建立自己的世界。敷衍和错误充斥其中,一切都短暂而有腐蚀性。最终有一天,战争的风暴将这虚假的朦胧打碎时,世界才会发现英国不过是经过海浪冲刷后显露出的被虫子蛀得千疮百孔的木桩。

支配反抗大英帝国战争的条件既不神秘也不陌生,从另一方面来说,还可以或多或少地做出确切预测。只要撒克逊帝国环绕着世界,这些冲突必然会爆发,本书的目的就是分析这些冲突的爆发。

未来对抗撒克逊人的战争受四项明确的原则支配:

1. 如果英国领地不做出相应地减损,其他大国就不能进行显著的政治、领土扩张。减损或者毁灭的程度[21]取决于扩张大国与英国之间军力的均衡比例。

2. 如果单个大国向英国宣战,战争爆发的可能性和时间取决于宣战国针对英国领地范围的扩张程度、扩张必然性的态势和军事机构的动能。

3. 几个国家联合针对英国的战争取决于他们针对英国势力范围圈的扩张进度大致相等、国家态势和军事动能大致相等。

4. 同盟国的数量取决于以下三个因素:

(1) 双方相互调整的时间。

(2) 英国势力圈中两到三个弧形的薄弱程度。

（3）两个或多个国家针对英国势力范围两个或多个薄弱的弧形进行军事扩张的程度。

要延续英国的国祚保持其领土完整，英国人需要采取具体而明确的准备措施。这些准备必须不能停止，要不断扩展，就像种族的发展一样。撒克逊人围箍世界和人类的帝国之弧不是固定不变，[22]从另一方面说，甚至会经常变动。交替性的收缩和扩张是国家的生存法则。边界绝不会静止不动，即使静止，时间也极为短暂。评估国家边界经常性的变动是为了弄清楚他们是收缩还是扩张，我们关注的不是地理边界而是民众的士气。

每个国家都会建立自己的纪念碑，也会写下自己的墓志铭。

假如观察英国的地理和政治形势，我们会发现这与世界其他强国息息相关，战争的爆发不仅是可能而且是绝对确定。但这还不是结局，因为一个国家否认战争的同时民众却士气高涨，我们面临的就不是战争而是毁灭。否认战争或多或少表明，他们相信世界默认了英国的统治权。他们的国家在收缩，大英帝国的扩张却没受到抵抗，直到英国毫无争议地获得整个世界的统治权。

但是，撒克逊人否认战争是人类自负的例证。

和平时期的长短

和战争一样，和平及其持续的时间由自然法主宰，这些法则的根本原则不会改变也不会有欠缺。

根据这些法则，[23]我们会发现，英国未来的和平正在不断减少，而且会继续减少，直到英国要么被摧毁要么统治整个世界。

不侵犯他国的政治权利和领土，英国的主权就得不到进一步的扩张。这正是引发战争的条件，其是否继续发展取决于英国与处于其扩张边线国家的军力对比。

不压制其他国家的领土、政治扩张，英国就不会享有现在的统治权。这种情况的顶点就是战争：如果英国毁灭，就是一场战争；

如果英国胜利，就是一连串的战争。

随着人口每年不断增长，这些条件的强度也在增加。每年都会出现新的技艺和科学来满足人们新的需求。但与此同时，资源供应却日渐减少。新发明逐年打破时间和空间的距离，让大国变得更多，这些国家针对着大英帝国的势力范围进行着不可抵御、无法控制的扩张。

从最后这一原则，我们可以得出结论，战争无可避免。充分意识到这一点后，我们就明白再多的希望、逃避、否认都无法遮掩这一点。这一不可改变的战争法则非常简单，简单得可怕。

对大英帝国的适用性

撒克逊人的领土圈必然被打破，否则其他国家的伟大程度就会受到限制。[24]这些国家的成长、理想和抱负必然停留在触手可及处。衰退会随这种停留接踵而来，最后的结果就是消亡。只有经过可怕的长期斗争，只有这些国家被从撒克逊弧圈扔回到自己的小角落，这样的情况才会出现。如果这些国家没有被击退，弧圈就会四分五裂，其他国家就会在各自的势力范围内获得霸权。

在大英帝国即将踏入的这个战争时代，和平的希望毫无用处，宪法、国王和诸神也无能为力，因为这些古老的斗争支配着国家生命的成长和消亡。

第三章　撒克逊人与美国

[25]在多种多样的暂时性规定中,支配着国家间政治关系的条件和因素复杂而微妙。这是人类自负造成的错觉,就像从前人类觉得自己就是宇宙的中心。地球是庭院,太阳是篝火,月亮、星星是大大小小的蜡烛。所有这一切都是造物主的安排,而他还耐心地跟在人类身后记录丰功伟业,对缺点睁只眼闭只眼。

国家间的政治关系并不复杂,可以简化为两项一般原则。这些原则必须通过人得到表达,但人类却不愿承认作为代理人的真实关系,[26]努力将之归于自己的创造力,让自己相信,规范国家间战争与和平的不变法则源于人类自身及其在地球上的短暂任期。

人类在地球生活的年头不断增加,经验知识也日益增多。但这从未让人类意识到,他无法规避人类交往(不管是个人还是集体)不可撤销的法则。这些法则不属于人类而属于自然。

人们应该和有史可记的时间一样古老,但只要自负心理作祟,人就像自己的年龄一样年轻。

只有在个体的无知中,人类的智慧才得以表达。

在实际运作中,世界积累下的智慧对指导国家的命运毫无影响,即便在这个才智卓越的年代。尽管现代政治家比凯撒晚了两千年,其才智所处的历史阶段却要比凯撒古老两千年。

如果在处理国际事务时被民众的偏见控制,一个国家的政治才智就会相应地衰退。民众对于远离当下生活的那些事务的理解,不是个体才智的最高点,而是集体无知的最高点。[27]外交政策不在民众的认知范围内,正如他们对未知事物的希望和恐惧。这不仅仅是由于无知,而且因为现在压倒了过去和未来,因为当下的环境支配着未知视野的可能性或危险。个体的有限性实在是太大了。

普通人热爱自己的陋室更甚于天堂。

经常重新发生的所有活动(人类活动或其他活动),只要因果相同,就会受到普遍法则的支配,不管是哪个时代,哪个地理分区。然而,一旦涉及到人类及其多种多样的利益,人们就忽略这些原则的不变性。或者说,就像谚语中的麦粒一样,这些原则藏匿在人类不断变幻的糠壳中。

具体主宰国家政治关系的原则有两条,一条积极,一条消极:

1. 国家存在的时限取决于:一个国家是否有实力在利益相重合的政治实体当中称霸。

2. 国家的实力必须在于始终能阻止与利益相重合的其他国家实施独裁、征服或者霸权。

这两条法则[28]构成并印证了支配国家间政治关系的根本原则。国家存在的所有其他条件及其应用的无数阶段都是次要的。只要这两条法则恒定不变且完全应用于国家的发展当中,政治家就无须关注次要因素,因为这些因素会自然而然落入为其分配、限定的范畴。

在检验大英帝国与世界其他国家的政治关系时,我们必须要遵循这些原则。

大英帝国与世界的相互关系

能否查明大英帝国与世界平衡之间的相互政治关系,首先取决于由各国扩张收缩线路之间的关系、线路重合角度的锐利程度以及沿线路推进的动能。由于本书篇幅的关系,我们无法对每个国家一一详述,分析支配其扩张收缩的条件、对大英帝国相应的影响。我们将在更宽泛地意义上先分析美洲、然后是亚洲和欧洲,以便能理解撒克逊种族在令人忧心的、不祥的阶段与这些国家真正的政治关系。

英国在西半球早期的斗争明确显示出决定国家扩张退缩的不变要素。那种接触和斗争[29]不仅描绘了前文分析的三种程度的尚武精神,还有导致最终结果的诸多条件。这些条件本身就预示着一个无法避免的结局。

支配一个破碎帝国瓦解的原则

英国失去美国殖民地并不完全因为美国革命,而是由于英国政治家的无知和欧洲战争的爆发。这揭示出一个领土不相邻的帝国在分崩离析的过程中两条完全相反的原则。相同的原则现在依然真实无误,其中内在的危险始终存在。

1. 一个或多个国家在单一边界的重合可能导致帝国丧失相反方向的领地。造成这一后果的原因是,帝国没有在所有边界维持适当的军事平衡。

2. 帝国的领地被海洋所分隔,这些隔离的地方在成为一个共同体时会相应地寻求与整个帝国不同的利益。一旦这些条件成为决定性的因素,正如导致美洲殖民地分离的那些因素,同与帝国利益重合的角度达到锐角的国家一样,帝国的其他地区会无可避免地推进相同的事业。

我们会在本书的结尾总结这些原则的实际运用,[30]但先要牢记对这些原则早期的表述,因为它们构成了必然将英国凝聚在一起的巨大链条中的两个重要环节。

未来与美国的关系

大英帝国与美国未来的政治关系每十年都会有决定性的推进,必须从三个突出的方面来考虑:

1. 与加拿大的利益重合。

2. 与美国的利益重合。

3. 与欧洲的利益重合。

思考与加拿大的利益冲突时,我们千万不能牵扯到现在或只适合这一代人的、奇怪的政治幻想。对加拿大的分析只能基于历史先例和某些法则,这些法则支配着加拿大作为英国组成部分的发展或向独立国家的转型。

加拿大是胚胎时期的美国,没有革命或共和主义的美国。要使一个半世纪前在美国发生的事情在加拿大重演,只需要使用同样的手段以及同样忽视帝国恒久依赖的普遍原则。

加拿大国家民族主义的发展和国家利益的扩张无法被阻止、迟滞或规避,其必定会沿以下两条路线中的一条推进:

[31]1. 帝国的延续和撒克逊霸权的持续。

2. 领地的独立和撒克逊霸权的毁灭。

两条路线的区别容后再述,届时将阐明撒克逊加拿大的存续所依赖的原则。这不单单指加拿大保留在帝国之内,还指加拿大自身的存续。

加拿大领地占全球陆地面积的十六分之一,这种广袤会孕育出什么样的结果,未来我们对此想都不敢想。

未来加拿大人口的资源及其影响

如果从人口方面考虑,加拿大政治发展的趋势仅取决于其未来人口的发展：

  （1）撒克逊裔人口的出生率

  （2）法裔人口的出生率

  （3）英国的移民

  （4）美国的移民

  （5）欧洲的移民

  交通工具逐年在增加，世界各地人们的交流也越来越方便。各民族间的人口流动已经达到前所未有的程度。即使是现在，在所有资源丰富、人口稀少的国家中，其未来人口的组成不仅有原住民的后代，还会有其他资源供应充足、流动程度最高的民族的子孙。

  [32]随着人类对新土地移民的继续，民族的理想也会发生改变。尽管这一变化对于土地最终的主权归属影响深远，但由于其不可感知（观察者的生命短暂以及有偏见支配着其进行推断），人们普遍会否认这种变化。

  当从撒克逊人的居住权和撒克逊领地的角度来考虑未来人口的来源时（这些民族最终将成为加拿大人），我们会意识到，现在的政治关系和种族优势届时必定会消失殆尽，除非通过体制和权力来维持。这种体制和权力正被从民众的范畴内清除，它发源于并驻存于撒克逊民族，换句话说，整个帝国。

  不管加拿大居民现在的出生率如何高，本地人的增长无法遏制移民的洪流。移民迟早会淹没整个加拿大领地。不管是现在还是未来，未开发土地的人口与当地人的生育毫不相干。这片土地属于长途跋涉而来的人们，属于那些新民族十字军。饥饿驱使着这些人不断前进。他们的目标不再是精神性的追求，而是大自然还未被人抢劫一空的食橱。

  涌入加拿大的移民主要来自不列颠群岛、欧洲，还有美国。[33]英国本身也是加拿大移民的来源地，但是其移民数量对维系撒克逊领地和帝国的统一影响甚微。另一方面,美国移民相应地降低了撒克逊人在人口比例上的优势,因为美国移民都不是撒克逊人。美国人口移民与非撒克逊裔人口的比例,大约在十二分之五到十二分之七之间。从政治立场来说,美国移民关注部门立法的焦点问题、特定环境优于对国家或帝国的考量。这就是美国的特性,这将改变英国统一的推进和持续,直至其后退和衰败。

美国移民数量是不列颠群岛移民的两倍、欧洲移民的十倍。在目前进入加拿大的几个民族中,还没有某种单一因素能使撒克逊种族永存或摧毁其根基,使加拿大对英国统一原则的忠诚最终转变为对非撒克逊因素的控制。现在,这在加拿大事务中开始出现明显的苗头,加拿大人日益加强控制只适合帝国的条件。这是由于地方政治的发展、地方主义对帝国主义的颠覆以及领地与帝国平等的错误理想。[34]整体与部分之间的平等是不可能的事情。如果帝国要继续存在下去,加拿大的利益就不能拥有这样的优先权。

今天的美国可能就是明天的加拿大。这一转变的决定者并不是加拿大人,而是帝国的政治家。由于前任的无知,英国丧失了美国殖民地。加拿大也可能以这种方式离开英国。

失去美国殖民地,英国就永远失去拥抱整个世界的机会。有些人仍抱有幻想,希望血脉相联能使两国在政治上成为盟友。这不可能,原因有两点:

1. 只要是通过起义摆脱另一国而建立的国家,两国人民就不可能相互信任和依存,因为一方嫉妒古老的特权,对方则眼红新的特权。

2. 只要通过起义摆脱另一国,接着人口多是外来民族,两国会加倍疏远。除了对政治平等或优先权的嫉妒外,还会添加民族间的反感。

有一点不证自明,大英帝国应该与美国在全世界保持政治上的一致,[35]不仅仅是撒克逊的领地,还有撒克逊的自由和原则。但这一理想不可能实现:这是由前述原则所决定。

美国不再是一个撒克逊国家

美国不再是一个盎格鲁-撒克逊国家。每过10年,美国都会离其出身的民族越来越远。在过去90年里,只有四分之一的移民是英国人。其他四分之三来自世界各地。六分之一是德国人,十二分之一是俄罗斯人,十分之一是意大利人,十分之一是奥匈人。这些非撒克逊移民形成一个平衡。

英国的移民会减少,欧洲的移民必然会增加,这不仅是由于供应不足,还因为英国的领地不只是加拿大,还有澳大利亚、南非。这些国家都是英国移民的目标。

上一财年,进入美国的移民人数超过100万,但几乎没有盎格鲁-撒克逊人。83%的移民来自地中海国家,17%的移民来自欧亚各国。如果这种趋势再持续两三代人,[36]盎格鲁-撒克逊人将在美国消失无踪,不管是在种族方面,还是在政治方面。

随着种族目录不断增加,英国在一个国家的种族优势和政治才智就会消失。

只要美国现在的社会形势保持不变,其政治体制不会更迭,美国在某个时刻必定交由那些人数最多、鼻子又粗又短的种族。美国落入其他种族控制的最后时刻正日渐临近,撒克逊时代行将落幕。最惨淡的暮色将落在撒克逊人身上,一抹不会再见到白昼的霞光。

我们必须要从与看待其他异族相同的角度来看待美国与大英帝国之间的政治关系。不管双方的意愿如何强烈,这些因素都将决定着两国的友谊不会比与其他国家的关系更强或更弱。只要利益边线的角度成为锐角,就会有冲突的流言;一旦路线汇合,战争也就随之爆发。

扩张的程度

如果从整体上以及战争的可能性来考虑大英帝国与西半球之间的政治关系,我们会发现两个突然的特点:

1. 如果西半球国家的政治重要性增加,[37]与世界平衡的关系更为紧密,战争的可能性将相应增加。

2. 在西半球,大英帝国不得不只与各共和国打交道。因此,在出现争端时,英国面对的不是这些国家的政府,而是控制着政府的民众。他们谈判的对象无法抛弃偏见和私利,像基克洛普斯(Cyclopean)一样,独眼闪闪发亮,只看得到自己的需求。只有激情的光芒才能穿透他模糊不清的意识。

由于这些情况,战争的诱因要远远超过战争的源头。当国家间利益自然汇合,一国或两国都被民众所控制时,这一形势增加了战争的频率。然后就很难区分国家间争端的起因和源头。在这种情况下,国家推进的路线就随民众的激情和无知旋转。政治发展的自然路线可能在一个晚上就改变,因为民众的心情受到了奇奇怪怪琐事的影响。汇合的角度可能变成锐角,沿着新的政治扩张路线推进的速度可能更加迅速,战争在人类通常称为万里无云的形势下爆发。

这些本身就容易引发战争的情况可以追溯到大英帝国在西半球战争的两大起因之一:[38]欧洲利益在西半球的种族汇合。

一个国家的扩张分为四个等级:领土扩张、经济扩张、政治扩张和种族扩张。这些扩张的等级反过来要依靠的不只是扩张国家的潜力,还有扩张对象国的接受情况。要扩张领土,一国就必须拥有优于领土被吞并国家的强大实力。要经济扩张,一国就必须拥有超出自身需求的生产力和对世界各地资源的消费能力。要政治扩张,一国就必须拥有比对方更强大的中央集权政府和军事实力,同时能对其他边境线进行军事、政治保护。要种族扩张,一国就要输出民众,将超出本国自然资源供给的过剩人口进行海外殖民。被移民国家的情况正好相反,气候和资源都类似,扩张种族能够适应。这四种情况决定着欧洲与西半球的关系。

英国维持美国豁免的原则

发现美洲后的一段时间,新世界土著的军力根本无法与欧洲国家相提并论。[39]其自然的进程就是,欧洲列强大肆进行政治扩张,征服这些没有防卫的土地。但随着这些国家在军事上的衰退,他们的任期也就结束,只留下些许残痕,但英国例外。

这些国家未能保住在西半球的征服成果,原因有五点:

1. 军事上的衰退。

2. 在欧洲战争中的失败,其在新世界的土地被视为胜利者的战利品。

3. 原始的经济条件,自然资源供大于求。

4. 欧洲有限的人口阻止一国家或者所有国家进行充分的种族扩张。

5. 东西半球之间的距离由运输能力和交通时间所决定。

现阶段,我们却发现与之截然相反的情形。最初对美洲的征服不过是临时性的军事远征和君主盗窃,现在则转变为人类征服最具持续性的阶段——种族扩张。我们前面已经列举支配着这些情况变化的因素:欧洲人口超出其自然资源供应;西半球正好相反,[40]资源供大于求;气候和自然作物类似;海洋的阻隔被消除。

美国和加拿大将不会只有原住民的后代,而是涌入大量的移民人口。届时,整个西半球通过相同的手段必定会成为殖民地。由于未来人口的特性取决于其来源的供应数量,完成美洲最终殖民化的以及控制美洲的决定性因素不会是撒克逊人,而是欧洲人或亚洲人。

欧洲权力以其最持久的形式向西半球转移。与之相随的还有他们的偏见和体制、古老的仇恨和世代相传的眷恋。几十年后,这些因素必然减少撒克逊人对于这半个世界的控制。

迄今为止,在自身或世界不知不觉的情况下,英国已经通过对大西洋的控制确立一条美国豁免原则,这比门罗阐述的还要实在。英国对大西洋的霸权依赖的不完全是海军优势,更多的是通过维持欧洲各国间的军事、政治平衡。如今,欧洲各国对西半球的扩张是种族扩张,一个或多个欧洲民族显然在美洲领地形成新的威胁。[41]这将导致对撒克逊种族的限制及其在西半球的政治消亡。

军事优势的必要性

英国在西半球的安全取决于欧洲继续保持军事、政治平衡。撒克逊人在西半球的安全取决于相同的原则,尽管这似乎有些奇怪。

一个种族侵占或者试图侵占容纳其多余人口绰绰有余的土地,统治或寻求统治人口更多、出生率更高的种族,它这时必须要用相应的军事优势来弥补人口劣势。随着领土和统治种族的增加,这种军事优势也将相应地增加。

在整部人类历史中,从第一次征服到现在,这条原则在应用过程中恒定不变。只要人还按国家和种族划分,这条原则必定持续有效。古代的例子有马其顿人、罗马人、穆斯林和蒙古人。现代的例子有满族人、西班牙人、法国人和撒克逊人。在不久的将来,撒克逊人、日耳曼人、斯拉夫人以及日本人也将成为例证。古代罗马帝国和蒙古帝国存续的时间诠释了这一原则的基本[42]因素:

1. 人口劣势加军事实力等于实际实力的总和。

2. 人口优势减去军事实力等于潜在实力。

与普遍的观点相反,如果缺乏将潜力用于战争具体目的的能力,国家的潜在实力就无关紧要。国家的潜力包括人口、铁矿以及没有用于战争的准备或实施的其他自然资源。正因为如此,幅员最广阔的帝国都没有干扰亚历山大、穆罕默德、成吉思汗或拿破仑的深思熟虑。美国的财富和人口不会让日本感到恐惧,大英帝国的广袤也不会给德军(届时会采取)的进攻路线蒙上不祥的阴影。

　　只要被征服国家的人口数量远远少于征服者,相对的情况就表明了伴随一个军事强国衰落的原因。在军事征服阶段之后,统治民族尚武精神主要通过三种渠道出现衰败:民族同化、种族退化和军事衰落。这一过程的快慢取决于征服者的人口数量以及对本族的防卫。如果被征服民族的人口远远多于征服者,[43]这些征服者将会像成吉思汗的种族一样迅速消亡。如果被征服民族的人口呈几何级增长,征服者的尚武精神会以算术级衰退。如果征服者的 1 名士兵相当于被征服国家的 50 或 100 名士兵,我们很快会发现,随着被征服种族人口的自然增长,决定军事平衡的比例从 1∶100 变成了1∶200。

第四章　撒克逊人与印度

自然环境的法则

[44]随着知识的增加，人类的设想当然会减少，对无知缓慢的磨蚀所带来的好处又被轻信自负的增加所抵消。自负往往超过随时间流逝增长的智慧。从前那些被认为属于神的东西，他现在毫无顾忌地据为己有。他约束神的权力，就像埃俄罗斯（Aeolus）将天神的风暴关在他的洞穴一样。他把神的王冠削成孩子的脚凳，把他的幻想和嘲笑关在破败的庙宇中。

然而，具有讽刺意味的事实是，人类及其集合体一直都要受到环境的限制。民族命运的伟大程度取决于其居住地的相对位置，而非人民的天赋或选择守护的诸神。

[45]自然环境的法则取决于三大原则：

1. 只要一个实力较弱的国家位于两个较强国家的中间，其势必处于两国政治军事的推进范围。其独立不过是临时性的，政治生存的时间会很短暂。

2. 只要一个国家的边境是牢不可破的自然屏障，它就不会突破这些边境扩张，即便其内部腐败对外而言也是坚不可摧。直到有一天，他国的进攻能力突破这些天然屏障，这个国家就会灭亡。

3. 如果政治、地理边界不受限制，战略范围取决于其政府在军事、政治上的灵活性，这个国家就持续增加实力，直到军事衰退使其边境开始收缩。这个国家也就开始衰落。

自然环境法则的应用

第一项原则的因素决定着古往今来无数国家的灭亡。国家生命的整个历史都是这些王国在错误、多风的地理位置上像烛火一样发出幽暗的光亮，英雄式的喷溅而出，然后迅速熄灭。在这些国家中，上帝毫无用处，巴勒斯坦就是这种国度。英勇与国家的延续没有关联，[46]波兰就是这样的王国。古老既不能增加神圣，也不能提供保护，朝鲜就是另一个错位的国家。他们不仅属于过去而且属于未来，这份悲剧性的名单里还有比利时、荷兰、丹麦、巴尔干半岛、波斯和阿富汗。

受第二项原则控制的国家少一些，它们完全属于过去。因为人类现在认为，大自然的城墙、斜堤和护城河已不再是牢不可破。埃及、秘鲁、墨西哥、美国，还有中亚、印度和中国，这些国家一个个地衰落。多少年来，坚不可摧的天然屏障庇护着他们，使其有可能孕育文明，（一旦人类的才智突破了环绕的屏障）也使其有可能走向必然的衰落。

根据第三项原则，一个民族有可能实现伟大的最高程度。撒克逊民族就是根据这一原则发展起来，其崛起的时代正是人类探索世界和机械手段不断发展的时期。这两个因素成就了撒克逊人。大英帝国如今称霸全球，与其说是由于古老的英勇或种族精神，不如说是因为偶然的境遇。过去几个世纪，不列颠群岛一直位于世界的战略中心。如今，这一战略中心正在转移[47]或者说正分裂成几个非撒克逊中心。这就是英国政治解体的源头。

帝国与亚洲的政治关系

与美国的关系类似，大英帝国与亚洲的政治关系一直处于最突出的地位。英国使自己介于欧洲和亚洲之间，以相同的方式阻止欧洲各国跨越大西洋进行政治军事扩张。英国在西方、东方对欧洲政治军事扩张自然冲动的压制，造成了相同的战争源头。只有在战争的诱因中，我们才能找到其中的差异。

欧洲就像一个巨大的水库，里面的水不断向外涌。不列颠群岛则像一个大水闸，控制着泄洪的方式。欧洲内部不会有对欧洲的彻底压制。不管平静还是激烈，这个大陆必然外溢。如果大英帝国仍保持军事优势，欧洲就会通过移民扩张；如果帝国的尚武精神衰落，欧洲就会武力征服。

确保美洲各国独立的是英国而非美国。他们安全的基础是大英帝国的保存而不是门罗主义。

撒克逊种族插在欧亚之间有双重作用。[48]这种干预对欧洲各国移民这一隐蔽的征服起不到任何作用。这一方面限制欧洲政治军事的扩张，另一方面将东方各国的统治权归还当地居民。

失 去 印 度

大英帝国与远东的政治军事关系可以简单归纳为两种情况：

1. 失去印度或保留印度。

2. 太平洋政治平衡的保持或丧失。

丧失印度是对撒克逊帝国最致命的一击，仅次于直接攻击并占领不列颠群岛。帝国的维系与印度的关系是如此密切，以至于我们可以确定（以后将会看到），入侵英国还不如征服印度。

这么想并不是因为印度的财富，尽管其进出口总值超过俄罗斯帝国，人口和国土面积比德国大 6 倍。印度的意义要比物质利益的损失更可怕。失去印度就意味着英国的领地圈出现一个巨大的缺口,撒克逊种族的血、火和铁都无法把断裂处焊接起来。

印度的废墟将会是撒克逊人的受难地(Golgotha)。

有两个原因可能导致英国失去印度:[49]欧洲的对外征服和印度的复兴。印度的复兴只取决于一个因素,帝国的军事优势,不只在印度而是在所有边疆的军事优势。进攻可能来自两个完全不同的方向,但防御和战备只是针对同一个方向。放弃一个方向就等于两个方向门户大开;坚守住一个方向就是保卫两个方向。

我们在这一章将思考这两个原因。接下来,我们将详细分析其决定性因素以及导致印度的丧失或复兴的原则。

在宗主国与附属国必然存在的关系中,两种道德体系不断冲突:一种是征服者的道德体系,虽然征服已经结束;另一种是反抗的道德体系,虽然反抗还未开始。两种道德体系都原始、野蛮和无可避免。

在英治印度发展过程中,一个必然的结果是印度民族主义的复兴。与其他处于相似情况的附属国一样,印度的发展取决于三个原则:

1. 初级阶段:通过统治种族的教育,其突出特性得到同化吸引,印度缓慢发展。

2. 中级阶段:通过国家复兴,印度实现更快发展。

3. 第三阶段:在某一边境线击败统治种族,印度突然兴盛。

[50]在像印度这样受上述法则支配的附属国中,随着民族主义的增长,尚武精神最终会复兴。这不是因为一部分人口被招募为士兵(有人认为,这些人被灌输了现代军事科学的基本原则),而是由于其他的情况:我们可以说,构成征服者品格的军事特质转移到被征服者身上。在印度大部分地方,尚武精神不是接受新东西,更多的是转化同种族一样古老的理想。

这可能是一种报复。

自 然 环 境

印度的民族特性源自其自然环境,人类各个民族根本特性的差异都源于自然环境。环境也是造成人类种族基本特征差异的原因。在欧洲,自然和自然现象不会像对初民那样影响巨大。但在印度,自然的影响很可怕。在欧洲,人经常接近于有限;在印度,人向无限前进。一方对自然力量越来越不在意,另一方却日益意识到自然力量的无穷无尽。一方的诸神总是带有人的特性,另一方的诸神则像喜马拉雅山一样令人敬畏。在欧洲,我们可以看到纵情声色的朱比特、带有偏见的耶和华。在印度,我们发现的是湿婆神(Siva)和卡莉女神(Kali),[51]还有对环境的恐惧在印度人心灵中形成的幻象,高山、森林、怪兽、海洋、风暴、废墟、惊恐形成的黑色深渊。对人来说,所有这一切都不友好、专制和可怕。从中而生的便是对于可怕事物的崇拜和有关恐惧的道德体系。

这一原始状况与英国统治印度的时间长短又有什么关系呢?这是英国权力的基础。在征服印度后,撒克逊人却将这一原始状况摧毁。他们本可以利用这一点延续其任期,不必投入巨大的军力。

迄今为止,控制和指引印度人心灵的影响都源自最庄严、可怕的自然力量。这些影响远离人类,两相比较只会凸显人的虚弱无力。人若在印度承担神性会摧毁整个体系,因为没人能激发不可征服的自然和自然现象所形成的巨大恐惧。

自然环境的影响

大英帝国对印度的统治必然受相同条件的支配。其统治同自然一样必须激发出公正和伟大。如果因管理不当或帝国在另一边境线战败违背了这一原则,这会构成敌对方的军事复兴的基础。

对撒克逊的权力而言,最不祥的事莫过于激起印度的憎恶。

附属国的军事体制

[52]关于征服附属国后的军事部署，我们拟定两条一般性规则，每条再分为两点：

1. 通过武力占领附属国后，宗主国在下述情况下可减少其驻扎的军事力量：

（1）被征服的民族文明程度低或人数很少。

（2）占领的领土不重要，对于其他强国没有战略或商业价值。

2. 征服附属国后，宗主国在下述情况下必须增加其驻扎的军事力量：

（1）由于普及性教育以及征服者军事品性的同化吸收，附属国的民族主义和尚武精神日益增长。这可能很快也可能很慢，可能会扩散也可能受到限制。征服者必须根据这些情况管控这一过程。

（2）对一国或多国来说，附属国的战略或商业价值不断增加。这一增加必定取决于其扩张路线汇合角度的尖锐程度以及他们向其目标的推进速度。我们不是通过单一运动而是推进的总和来测定这种速度。[53]这种推进连续不断，既有自然扩张，也有预定的扩张。

这两条法则支配着印度和撒克逊统治的延续，我们无须评论。

第五章 撒克逊人与印度(续)

人口与登陆地区的关系

[54]有些国家依赖于人口与居民居住地区及其生产力的关系,这些国家的存亡会受到某些特定因素的影响。对于印度这样的国家,这些因素的强度会增加,因为印度依赖于耕地面积相应的增加。如果耕地面积的扩大与人口增长不匹配,这必然导致增长的人口改变生产特性或人口迁移。

与其他情况相同的附属国相比,印度的人口增长和就业特点对军事的影响没有什么不同。在印度,具有重要军事意义的是人口的迁移。随着知识在整个印度传播,与其他地区交通方式的成倍增加,[55]迁移将会加速。英国对此不能忽视。

一个现代国家在别国土地上行使主权,其要完成的任务完全不同并与以前帝国的义务相对立。根据支配宗主国与附属国相互关系的现在、未来的条件,个体的政治地位和公民权利之间的差异必定会不断减少,直到二者不知不觉地汇合为共同的标准。人们不可能盲目地对抗这一自然进程。在确保个人平等时,撒克逊人应该关注的是帝国的完整性和对种族的统治。

迄今为止,我们一直在阐述一个定理:在一个异质性种族组成的帝国中，只有军力和政府导向掌握在一个同质性民族手中，它才能持续。但对于这一原则，我们还需要加一个推论：不出现分裂，统治阶层就意识不到，并非只有他们在推进；对于像印度一样附属国的领土扩张，统治者必须针对他们的发展做好相当的准备。

在讨论印度人口的迁移及其所需要的增加军事职责时，我们有必要考虑这一原则的一个阶段。[56]印度在世界上是人口第二大国（财富排名第五），具备相应的国家民族扩张的所有要素，且无力供养多余的人口。相反，英国人极其盲目地试图通过法律遏制印度，这是不可能完成的任务。同南非、澳大利亚或者加拿大一样，印度也是大英帝国的一部分。但是，英国却禁止印度人到这些领地定居，尽管它们属同一帝国。

英国法律规定了印度军事发展的许多阶段，我们现在关注的是：

1. 英国有义务为印度的自然扩张做好准备。

2. 英国有义务让领地意识到其观点的正当性，即种族融合是不可能的。

没有这种融合，统一就只能依靠隔离来实现。

种族的扩张

种族的扩张或多或少地受自然法则控制，这些法则在现代已不像以前那样适用。随着人类文明的每一次进步，这些自然因素的影响已经越来越弱。但我们发现人类大大小小的迁移仍遵循着某些内在法则。其中一条是，人口迁移的方向是沿着地球纬线而不是经线。人们沿着世界上没有标记的古老道路艰苦跋涉，[57]这取决于气候和其他自然条件是否与他们已经长期适应条件的类似。依据这些具有决定性的条件，我们可以发现印度种族扩张和领土扩张的两条线路，而且它们都远离白人的聚居地：

1. 印度北部的雅利安人（Aryan）应该向西迁移至小亚细亚。

2. 非雅利安人种族应该向东迁移至东印度群岛。

印度的领土扩张向西应面向波斯和小亚细亚,向东则面向缅甸、马来半岛和东印度群岛。在最终的分析中,这在政治上是正确的,前提是到达构成其真实边界的土地,既不过界也不能不及。

通过对这一战略线路的研究,我们发现,如果印度的领土扩张即使达到极致也会受到其真正的战略边界的限制。在完成(无论是暂时还是永久性)这一领土扩张以前,我们可以说,龟缩一角、远离真正边界的印度帝国已经被剥夺防御的第一要素。

现代生活常常会在国际关系中造成许多异常现象。我们经常会看到,人类越来越多地用法令来取代自然法则,越来越相信他们会永生不灭。这些想法同有关天堂的幻想一样徒劳无用,[58]成千上万的人相信在走向天堂。对于这些幻想,我们发现,现代政治家的头脑中也存在同样的幻想,确切地说,那些应该是政治家的人。他们带领国家正走向同样的小门,一旦过了这个小门,所有的幻想都会消失,一切能够纠正人类错误的希望都不复存在。

国 家 边 界

目前有一些错觉正把人类引向一条死胡同,两种特点最鲜明的错觉是普遍和平(Universal Peace)和消除国家边界。

所有国家的边界都经常变动,必定一直在收缩或扩张。边界不可能像海岸线一样保持不变,因为它们是没有边线的海岸,分割开生生不息、汹涌澎湃的生命之海。

在支配国境线变迁的几条原则中,我们只关注能够影响印度的原则:第一,关于印度领土完整和国家发展;第二,印度边界与帝国的团结一致、存续的关系。这些可简化为三项原则:

1. 印度的边界与联合王国的边界完全重合,破坏这些边界会影响帝国的完整。

2. 要保持印度现有边界永久不变,只能通过下述方式才有可能：

[59]（1）人口总数不变或减少。

（2）抑制印度政治、经济的发展。

（3）面对德国、俄罗斯和日本的扩张自愿后撤。

3.印度现在的边界必然外扩的原因是：

（1）人口增加。

（2）经济、政治的发展。

（3）德国、俄罗斯和日本的领土扩张汇合于印度及其利益。

（4）出于军事需要对印度边界进行新的调整。

估计有人会觉得第一点有些反常，但悖谬的是，人们在现实中认识不到其真实性。人类太容易忘记，随着国家生命特点的变化，国际关系也必然会发生变化。人们意识不到，从军事、政治意义来说，海洋帝国的边界与拥有同质性的、完整领土国家的边界完全不同。此外，我们发现，调整古代海洋帝国边界的因素与决定现代边界变化的因素没有什么区别。

[60]随着攻守双方军事中心之间的交通变得更加快捷，不同边界防御的相互依存也逐步加强。

国家的瓦解始于最偏远的边疆

在以前的时代，各边境线都自足完备，其防御或失守不会取决于其他边远地区国境线的安全，尤其是海外领土的安全。但到现代，这些情况全部都发生变化。国家生命的时限不再取决于首都的安全。最庞大国家也可能从最偏远的边疆开始解体。因此，当我们说印度的边境线就等同于英国的边境线时，我们的意思是，届时对印度边境的侵犯同对英伦岛屿的攻击对帝国存续及统一的影响具有同样的效果。这一点我们将在本卷下一章举例详述。

第二条原则和第三条原则包含的建议都不言而喻，除了处理以下问题的最后两点：（1）德国、俄罗斯和日本的领土扩张汇合于印度及其利益；（2）印度边境线后续的调整。

德国、俄罗斯和日本的领土扩张、三国领土扩张的基本原则、推进的程度、对印度和整个帝国的影响，这些内容我们都将在后文一一进行阐述。目前，我们先讨论[61]为什么这三国的扩张使得印度必须重新调整边境线。

人们认为，如果一个国家的边境面临侵犯，最好的应对政策要么是加强现有的防线，要么是收缩防线。出现这种想法的原因非常明显。同其他许多情况一样，这是基于不再有效的条件。这些条件不再适用于印度的边境线。

从军事意义上可以把边境分成三类

国家军事意义上的边界可分为三类，在防御上存在许多军事方面的差异：

1. 边境线与一个军事上更强大的国家相邻。

2. 边境线与一个军事上更弱小的国家相邻。

3. 与边境线相邻的国家已经衰退且处于攻击性国家与防御性国家之间。

在第一种情况下，我们面对的只是纯军事性的防御，只需要加强现有边境线的防御。如果出于战略形势需要，国内的疲弱也要求这样做，就收缩边境线。

在第二种情况下，我们发现这就是一场纯粹的进攻行动，战争的结局决定着国家边界扩张的临时性或永久性。

但印度却处于第三种情况，军事科学对此很少或几乎从未提及。[62]因此，我们可以据此制定这条定理：如果一国的边境线与一个军事上衰落国家相邻，且该国处于它与扩张国家之间，那么，只要攻击性国家意图明确，衰落国家或其部分领土必然被占领，这取决于战略上的考量。

我们前文曾说过，如果一个弱国正好位于两个强国的军事范畴内,它就不再拥有保持中立的国际权力。此外,如果一个国家处于与两个开战国家的边界之间,它在敌对开始时就会成为战场,经受最严酷的战争灾难。因为不属于交战方,它就得不到任何一方的保护,从某种意义上说是双方的敌人。

在这种情况下,在战前能占领缓冲国家最前沿边境线的那个国家就取得了优势。正是由于这一决定性因素,只要敌对力量的扩张明显汇合在帝国的一条或多条边境线,如果条件允许,英国就应将边境线迎着敌对力量领土扩张的方向推进,而不是收缩或调整边境线。大国占领了全世界许多地方,这些地点的影响范围很有价值,[63]但另一方面,也是形成弱点的来源。这取决于这些地方的位置及其根据这些原则判定的利用价值。

目前,全世界具备如此卓越的战略位置的只有三个地区:不列颠群岛、日本群岛以及印度。印度是全球在重要性上排第三位的战略中心。其影响力从最初就铭刻在欧洲人的脑海里。印度的战略位置在世界政治中是一个决定性因素,将随着每一次国际调整而不断增加分量。

印度抵制欧洲推进的真正区域

英国在印度洋、太平洋以及非洲和小亚细亚都有领地,印度与这些领地都有关联,它是这一广袤地区的中心,疆域和势力独一无二。如果以印度为中心向外辐射,就像一个漩涡,我们可以发现13个战略三角区(见图一)。这13个三角区可以分成两类:一类在英国领地之内,另一类在英国领地之外。其中,第一类有11个,第二类有2个。第一类地区是严格按照政治、军事战略的法则来划分,其进攻和防御能力足以保障其延伸区域的安全。[64]这些地区向西面是阿拉伯半岛和从亚丁湾到开普敦的非洲东海岸;向南是整个印度洋;东南是澳大利亚和新西兰;向东是马来半岛和英属海峡殖民地(Straits Settlements)。

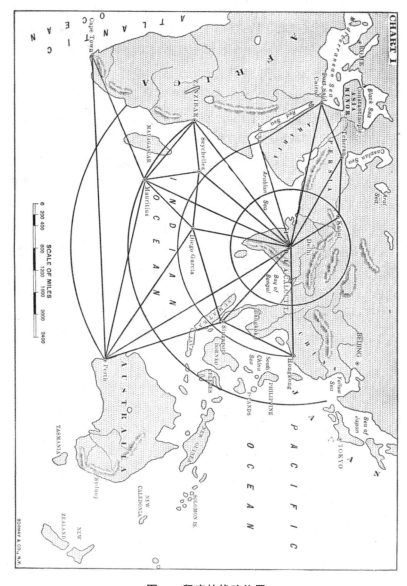

图一　印度的战略位置

这 11 个战略三角区在印度之外形成 3 个次中心：西部中心为小亚细亚；南部中心则由塞舌尔、毛里求斯、迪戈加西亚（Diego Garcia）组成的三角；东部中心是新加坡。这些次中心与印度的关联和依存关系清楚表明这句话的真实性：印度是这一区域首要的战略中心，失去印度必然同时丧失撒克逊人现在所统治的这一广阔地区。

我们会认为，印度处于战略环境的中心显然坚不可摧。印度似乎不可能遭受入侵或征服。但是，就像阿喀琉斯的脚后跟一样，任何防御系统或任何王国都有容易受到攻击的弱点。印度就有这样的弱点。看起有些反常的是，最危险的点与神的脚后跟不同，是印度的西北边境。世界上最强大的两个军事强国的扩张在这里汇合，印度西北边境正当其中。

面对欧洲的推进，印度要防御的真正区域是两个战略三角区：

[65]1. 印度、喀布尔和德黑兰三角区，抵御俄罗斯的推进。

2. 印度、塞得港（Port Said）和德黑兰三角区，抵御德国的推进。

不能让俄罗斯越过喀布尔-德黑兰防线，也不能让德国越过塞得港-德黑兰防线。同印度一样，波斯都涵盖在两个三角区里，构成两个临时边界线的中心。这是印度防御欧洲侵略的关键。

第六章　撒克逊人和太平洋

印度对澳大利亚防御的重要性

[66]人们普遍倾向于以固有的感觉来看待不同的生存现象，这会造成许多错误，因为在生命中，没有什么是单独存在的。个体只是人性分析的一部分，因而国家也只是人性集合的一部分。正是因为这一点，国家伟大的源泉同个人伟大的源泉一样，总是休戚相关，有时是内在于外部条件，完全脱离我们通常将其作为权力、主权观念基础的那些因素。

印度就是这种状况。

英国犯的一个大错就是对印度的忽视。这不是指忽视印度国内的管理或经济，而是没有正确认识到印度与世界的政治关系以及印度作为大英帝国基石的特点。

印度真正的伟大可以说是没有自我，[67]但又属于印度，这就像国王的伟大之于王权的整体。

如果印度不处于现在的地理位置，就不会有大英帝国。

正因为印度属于英国，地中海和红海、马耳他、塞浦路斯、埃及、苏伊士运河以及小亚细亚海岸才会掌握在撒克逊人手中。由于相同的原因，英国才能掌控毛里求斯和塞舌尔等非洲大部、印度洋其他岛屿以及缅甸、英属海峡殖民地、香港、新西兰和澳大利亚。

如果没有印度，英国的领土将只限于联合王国和美洲。

正是印度使撒克逊人可以东进，正是印度的战略位置（见图一）使撒克逊人的帝国成为可能。

从军事意义上来说，印度就是帝国。只要撒克逊人对印度的统治不被打破，印度的边境不受侵犯，大英帝国就有可能继续存在。

棕色人种和黄色人种的关系

支配着帝国与东方相互关系的第二个因素是维持还是丧失太平洋政治、军事方面的平衡。无论从军事上还是从政治上讲，这一因素都服从于印度因素，[68]因为太平洋的平衡主要取决于印度的保有或丧失。但是，目前英国促成的形势将使其最终丧失印度以及帝国的解体。

太平洋问题可限定为两个阶段：

1. 英属太平洋领地与帝国及亚洲各国的关系。
2. 帝国与其太平洋领地和亚洲各国的关系。

与一般的看法相反，人类对其自身发展的认知总是在经历一连串发展变化之后而非之前。人类都是埃庇米修斯（Epimetheus）①的后裔。

现代，这种情况显然依旧存在，一些国家仍对国际关系的风云变幻视而不见，地球每次都在或多或少地进行调整以完成轨道运行。首先受到影响的是那些对国家的存在和伟大至关重要的条件。与民众对国家事务的控制逐渐增强成正比，人们的无知也日益严重。

———————————

① ［译注］希腊神话中后知后觉之神。

由于现代生活的阶段不断变换,美国与欧洲、亚洲的军事关系在一代人之间就发生翻天覆地的变化。但是民意[69]却没有发生变化,国家已经削弱到一种没有防御能力的境地,正如古代的事实变成现代幻象,古老的真理变成新的谎言。

澳大利亚人和新西兰人在公共事务控制方面也没有超出上述规则。在国家间新型军事关系及其内在危险方面,他们并没有比美国人表现出更多的先见之明。澳大拉西亚已经无法完成其想要完成的使命——保护撒克逊人的领地。

澳大拉西亚的安全完全取决于一个条件,那就是英国的统一和存续。如果英国战败并解体的话,撒克逊人在南太平洋地区的统治也就走到了尽头。我们在前面说过,哪怕加拿大独立或者美洲、荷属非洲独立,英国也许可以存续下去。如果叛乱或者征服导致丧失印度,帝国将四分五裂,到那时或者在太平洋地区政治军事的最终重整中,澳大拉西亚易手他人。

因此,澳大拉西亚防御的首要原则就是保卫印度。

虽然我们不能预判和精确预测各国的未来,[70]但却可以通过当前发生的事件及国际活动的一般趋势来估算不久的将来会发生什么样的事情。在不同的既定条件下,进行粗略考量的可能性会更加渺茫。澳大拉西亚的未来就是这一真理最好的诠释。

在现代,这可以被视为一项基本原则。一个地区资源丰富、人烟稀少,又处于另一人口众多的更强大国家的扩张范围内,它被侵占是迟早的事情,除非拥有比扩张者更强大的潜力或实力。我们还发现,防御扩张的最初军力不能维持不变,而是要随扩张者军力的增长而增长,还要算上现代交通所决定的靠近程度。撒克逊人的澳大拉西亚与亚洲棕色、黄色人种的关系可能会产生以下两个不寻常的要素:

1. 澳大拉西亚的面积几乎和欧洲一样大,但人口却比伦敦还少。

2. 澳大拉西亚周围的亚洲帝国人口总数几乎是欧洲三倍多。

一个种族的自然扩张何时演变为移民,这取决于它的人口何时超出祖传土地的生产力,它何时有知识和能力抵达那些通过劳动而维持生计且有盈余的土地。

亚洲人口的迁移

[71]在某一确定的时刻,可能是现在也可能不是,亚洲各国开始向澳大拉西亚自然迁移。防止这种迁移的方法有两种:一种是和平方式,一种是诉诸武力。和平方式就是将撒克逊人或白种人迁移至这些地区。第二种方式就是使用武力禁止亚洲人移民至澳大利亚。第一种方式明显不可能实施,因为这必须保证撒克逊人口会像过去一样增长,而且民众自愿移民。澳大拉西亚的白种人与亚洲各种族在数量上不成比例,这一比例将不会减少,反而会不断增加。这是因为在双方的人口繁殖中存在着一种奇怪的命运。

对于白种人来说,即使是在最好的条件下,实现人口总数翻番至少需要大约 80 年。但对于棕色人种和黄色人种来说,即使是在最差的条件之下,完成这一目标也用不了四分之一的时间。因此,我们可以有把握地说,撒克逊人通过移民或繁殖来保有澳大拉西亚及其周边地区,只不过是一句毫无用处的表述而已。但从这种想法当中,我们可以发现无知给白种人带来的巨大灾难。

关于撒克逊人维持对澳大利亚的主权,我们将其简化为一条简单的军事防御原则。[72]这无论是在概念上还是在实际运用上都与英国目前在太平洋领地的做法大相径庭。

棕色、黄色人种相对白种人来说在太平洋和印度洋拥有巨大的数量优势。这必会使其在战斗力相当的战争中获胜。知识的普及和科学的普遍应用使所有民族都能在平等的基础上使用机械装备,无论是战时还是和平时期的商贸。随着实施战争的手段日益相同,我们必须重新承认决定战争胜负的是古老因素,即人口的不平等以及交战双方兵力的比例。只有意识到亚洲各帝国的武器装备和军事知识现在能和澳大拉西亚相抗衡,我们才能明白,在南太平洋地区 600 万撒克逊人和周围 10 亿人之间,横亘着一道不祥的深渊。

本土防御是不可能的

因此,对澳大拉西亚的防御必须基于对这些事实的认识。换句话说,澳大利亚和新西兰的本土防卫是一种军事异常。澳大拉西亚和新西兰的边境线远离南太平洋,并不固定。这些边境线经常变换,从一地转到另一地,但总与帝国抗击入侵的地方相重合。澳大拉西亚边境线的无处不在[73]是基于其成为帝国边界的内在必要性。澳大拉西亚在帝国防御中通常的位置是保卫印度。

面对已经控制海洋的强国时,英国在太平洋地区的殖民地和领地永远都不可能独自拥有足够的防御能力,以阻止获得海上控制权的国家保卫占领他们的领土。但这些殖民地却往往引发战争,因为太平洋正日益成为人类斗争的焦点。

过去,一个占有大片未开发肥沃土地的小共同体能维持一种想象的自由,人类称之为独立。这样的时代已一去不复返。现在或将来更可能出现的情形是:丧失大国的保护(不管是通过帝国解体还是通过分离),它会暂时沉迷于其幻想的主权的海市蜃楼中,然后成为另一帝国的势力范围,只要这个大国的内部扩张版图构成了其征服的动机。

我们注意到,短暂的独立让南非的德兰士瓦省(Transvaal)和奥兰治自由邦(Orange Free State)最终失去独立政治实体的地位。进入帝国的推进范围内,他们被吸纳进英国就已预先注定。只要它们还不是另一与大英帝国同样强大或更强大国家的领土。如果澳大利亚和新西兰都是主权国家,[74]他们与亚洲帝国的关系和非洲国家与英国的关系没有什么不同,只不过是控制亚洲扩张冲动的程度不同。对于亚洲的扩张,澳大拉西亚无力独自控制,既无法威胁也无法限制。

由于交通的发达,地球在一天天变小而人类的居住环境一天比一天拥挤。在这一全球性的压力之下,一切都处于流动状态:人及其栖息地。因此,衰退国家和小国必然会向更强大的国家靠拢。澳大拉西亚因此也越来越靠近亚洲海岸。造成这一结果的不是战争,而是和平;不是国王们的征服,而是臣民们的渴望;不是人类原始的掠夺本性,而是人类最高的文明及其成千上万的新需求。人的言辞穿越江河,人的飞行横跨海洋。

从种族和国家安全的意义上来说,澳大拉西亚并非固定在其海床上。只有停泊在大英帝国的港湾内,澳大拉西亚才能安定。一旦二者关系破裂,它就会像暴风雨中的浮木一样在海上飘荡。

在本书中,我们只讲述支配澳大拉西亚防御的基本原则。如果认识到这些原则并以此为基础进行军事准备,错误和误解就无关紧要,准备过程中出现这些在所难免。[75]但如果防御体系建立在错误的基础上,那些辛苦建立的上层建筑将证明毫无用处。澳大利亚现在所做的防御努力很有限,它们只会在国家生死存亡的最后斗争中发挥微不足道的作用。这些防御只属于业已不存在的世界形势。

一个国家的防御及其实施方式,由以下两个主要因素决定:

1. 进攻来自哪个方向。

2. 本国地理环境的特点。

德国对俄罗斯的防御和对英国的防御完全不同。地理环境不同,防御方式也会相应变化。一个岛国在防御中所受到的限制和两个内陆国家的战争没有什么关系。针对这两类战争的准备必须做出相应的变化,尽管有些国家不能严格归入这两种类型。奥地利、土耳其、俄罗斯以及中国都是大陆国家。英国和日本则是岛国。此外,我们还发现某些大陆国家也具有某种岛国特征,如德国、法国和美国。[76]另一方面,英国在印度及其他地方的殖民地,还有日本在朝鲜和满洲的领地,都作为大陆国家承担着相同的责任。因此,我们发现,就军备而言,大多数现代国家必须始终维持海军和陆军的灵活平衡,根据受到进攻的方向和扩张的需要进行调整变化。

作为岛国,如果只重视发展海军忽视陆军,日本在对抗俄罗斯的战争中就会失败。意识到军备灵活性的真正原则后,日本在对抗大陆国家时接受了陆战的特点。

如果将澳大拉西亚看作一个具有内在军事职责的主权国家,其防御失误又是什么呢? 这就是采取大陆的防御体系来保卫岛屿。虽然日本和大英帝国都是岛国,但也不是没有大陆属性。但澳大拉西亚,即便从最宽泛的意义上讲,也是纯粹的岛国。它不具备任何使其本土防御具有合理理由的大陆特征。

澳大拉西亚岛

澳大拉西亚远离世界的平衡。它是地处广袤水域的南半球陆地,[77]动植物品种与旧世界或新世界迥然不同,只属于那片浩瀚、孤立的自然。只到最近两代人,人类才在自然失败的地方取得了成功。

一条狭窄的海峡将联合王国与欧洲分离开来。横亘在日本和亚洲之间的则是充满悲剧色彩的对马海峡。但澳大拉西亚海岸面对的是两个大洋:离开普敦六千英里,离北美洲近七千英里,离亚洲不到四千英里,离英国则有一万两千英里。正是这种无边无际的孤独构成了澳大拉西亚纯粹岛屿的特征。

澳大拉西亚的防御始终在海上。

只有敌人对海洋的控制是暂时性的,它的陆军(如果兵力充足的话)才能确保对海岸的防御。如果敌方海上优势未被打破或一直保持,陆地防御就只能维持较短的时间。

这取决于以下三种情况:

1. 攻守双方实力不成比例;

（1）澳大拉西亚与攻方在人口、财富方面不对等。

（2）澳大拉西亚被分为七个明确的军区，彼此之间既无关联也无合作。

（3）整体的防御取决于[78]实力最强区域的斗争，这一区域的人口决定着整体的防御潜力。

2. 十分之九的人口生活在沿海。

3. 撤回内陆而不是向资源基地推进，第一次撤退就意味撤离基地。

澳大利亚可分为七个军事区

澳大利亚的七个军区（见图二）是：（1）以珀思（Perth）为中心的西海岸地区；（2）阿德莱德（Adelaide）地区；（3）墨尔本南部海岸地区；（4）悉尼地区；（5）布里斯班（Brisbane）东海岸地区；以及（6）、（7）新西兰两岛。从军事意义上来说，澳大利亚西部由于与其他六个军区相隔较远，无法相互防御。它只能在军区内全力防御。

新西兰的两个军区也同样如此，除此之外，一旦（1）阿德莱德和布里斯班之间的铁路中断或者（2）敌方的进攻阻断军区间的联系，其余四个军区也同样孤立无援。

将所有兵力集中在一个军区，这会导致其他六个军区被轻松占领。澳大利亚的地理条件对入侵者有利，此类集中将会导致守军投降。[79]从另一方面来说，如果不知道敌方在何处发起进攻，而且军事准备也仅限于这七个区域的内部防御，我们将看到，入侵方的一次军事行动就可以造成这些区域陷入孤立并最终将其完全摧毁。

对两个军事区的占领

夺取澳大拉西亚的关键在于以下两个战略性区域（见图二）：

1. 新南威尔士地区（New South Wales）以悉尼为基地，这一基地构成了进攻弧圈。

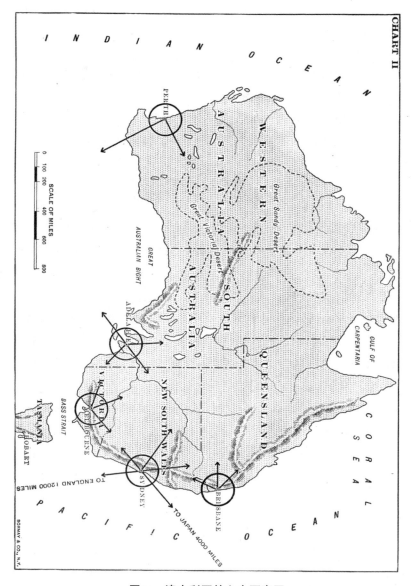

图二　澳大利亚的七个军事区

2. 南部维多利亚州,墨尔本是进攻弧圈的中心。

以上两个战略性区域构成整个澳大拉西亚的防御地带,这在后面会越来越明显。

如果没有海军支援,导致澳大拉西亚陆地防御无法持久的第二个原因是十分之九的澳大利亚人口都居住在沿海地区。此外,这些人口还全部集中在(图二)五个军区内。澳大利亚西部人口总数的一半以上都居住在珀思地区;澳大利亚南部人口总数的四分之三居住在阿德莱德地区;维多利亚州五分之二的人口居住在墨尔本;新南威尔士超过半数的人口[80]居住在悉尼;在昆士兰的布里斯班,情况也大致相同。

澳大利亚的人口都分布在沿海地区,这一致命弱点使其面对控制海洋的敌国不可能进行纵深的陆地防御。从军事层面来说,澳大利亚沿海的人口与其他国家完全不同。沿海而居不仅是澳大利亚人口发展的开始,它同时还是结束。澳大利亚是大陆,同时也是环状珊瑚礁,向外是海洋,向里是沙漠。从军事上来考量,海洋和沙漠没什么区别。撤到敌人掌控的海洋是灾难,逃入沙漠是死亡。

与其他面临海上入侵的现代国家相比,澳大利亚面对入侵的陆地防御截然相反。在通常情况下,在海岸防御中,每一次撤退都应向中心靠拢,撤向国家的经济与人口中心。但澳大利亚没有可撤退的中心,没有共同的基地。澳大利亚没有主基地。每个军区虽然相隔不远,但都有自己的中心。这些军区有明确的界限,相互隔离,一周时间的撤退就已经超出其防御手段的覆盖范围。

一旦澳大利亚东部防线向西退至蓝山山脉(Blue Mountains)①,[81]而澳大利亚南部防线向北退至澳大利亚山脉,军队有组织的防御战将成为毫无意义的抵抗、游击战和掠夺战,直到澳大利亚最

---

① ［译注］位于澳大利亚新南威尔士州东部。

后精疲力竭地走向终结。

曾给予野人(Boors)的东西,自然拒绝给予澳大利亚。

防御澳大拉西亚就是保卫澳大利亚,而这一防御可以分为两个部分:

1. 暂时性的防御取决于陆军的兵力。每一防区的士兵总数必须与敌方进攻人数相当。但是,澳大利亚整体的防御力量不能只是各防区军力的总和。其最大防御实力永远也不会超过防御力量最强的单个区域。

澳大利亚军队的特点、武器装备以及训练水平并不取决于澳大利亚的立法,而是取决于最强大敌人的特点、武器装备以及训练水平。

2. 澳大拉西亚的持久防御始终是海战,海军的实力取决于有可能发动进攻的最强大海军的最大海战实力。

澳大拉西亚绝不可能达到这种水平的海战能力。

只有统一的大英帝国才可能拥有这样的实力。

第七章　撒克逊人和东亚

国家活动必须遵循的原则

[82]我们后面将继续讨论关于澳大拉西亚防御的结论。现在要讲的是帝国发展的基本要素以及澳大利亚的防御有赖于英国的团结一致。为纠正以前的错误观念，我们要明确指出，在维护撒克逊理想方面，他们规划的是一条偏离而不是实现理想的道路。

英国所有的国家活动都必须基于这一原则，所有的抱负都必须指向这一原则，即帝国的团结一致。指引他们的只有一个真理，尽管与其现在的错觉相反，即英国作为一个国家存在不属于他们自己，而是属于他们的民族，属于帝国的维系和发展。

帝国的各个部分相互依存，[83]世界各地战火纷飞，永无休止。为防御各个的地区，英国对每个战区都必须要有明确的可转换的防御手段、明确的地点和预先制订的计划。

帝国必须进行整体防御

澳大拉西亚对于帝国的防御负有特殊的义务，帝国反过来对于澳大拉西亚的防御也负有同等的义务。

　　这必须被看作一条不可违反的原则：帝国丧失任何领土，其致命性与所失去地区的政治重要性成正比。管理海上帝国时，英国人必须明白这条公理：丧失先前获取的政治权利和领土权利，即便是默许这种损失，标示着国家的退步和帝国的衰落。

　　帝国在澳大拉西亚战败，帝国失去澳大拉西亚，两者的差异只是时间的不同。帝国的解体会导致撒克逊澳大拉西亚的立即终结。另一方面，失去澳大拉西亚这么大的领土意味着帝国解体的开始，因为导致失去澳大拉西亚的原因不过是相应地反映出帝国的软肋。

　　一直以来，撒克逊人最危险的想法是：[84]只要分别守住各处领土，就能够保卫整个英国。其实这一想法只有反过来才是正确的，那就是只有进行帝国的整体防御，帝国的各领地才能得到保护。

　　澳大拉西亚在帝国的防御中并没有承担相应的责任，帝国对于英联邦各国履行的保护职责也不过尔尔。各领地的责任和帝国的责任存在着显著的差异。前者简单，后者复杂。我们可以这样说，帝国需要履行的职责会随着复杂程度的增加而增加。就这些职责而言，除非英国政策的目的单一不变，否则那些作为权宜之计的保护措施都反过来成为许多危险的源头。

　　国家或其附属国的防御并不总是涉及到使用武力。政治家要比士兵能防御或丧失更大的利益，国家的伟大或存续有赖于他们的智慧或无知。调动最大智慧发动的战争将会使国家发展壮大，因极其无知发动的战争将造成国家衰退。

　　帝国政府没有履行对太平洋领地及殖民地的保护职责，[85]这是由于对帝国东西半球的政治军事发展做出错误的区分。这种发展不应变化无常，而是要用明确的法律来管理控制。正是由于人们兴趣的不断转移，帝国政府的举措都是权宜之计，英国的军事政治扩张才缺乏应有的一致性和连贯性。

将防御集中在一条边境线的危险

路易十四和拿破仑过分关注大陆事务，对海上力量的潜力视而不见，这导致了两人垮台。俄罗斯的视野也受到相同的限定，广袤的中国使日本并不引人注目。英国同样把注意力全部集中在与法国和俄罗斯的对抗，这导致了德国威胁的出现和形成。如今，整个英国的注意力全放在德国这个最明显的危险上，但俄罗斯仍然依照其既定计划推进。

在太平洋地区，撒克逊人的傲慢与无知正孵化出新的危险，它就像台风一样阴郁而平静，等待那些将之遗忘的人们。

仅仅关注一条边境线，忽视其他边境线，迫使国家这样做的原因并不总是令人信服，通常通过最琐碎的事情表现出来。就像古代的水手，[86]这些国家前面是斯库拉（Scylla）的吼叫，身后是卡律布狄斯（Charibdis）的大漩涡，进退两难。①

国 际 盟 友

在国家建设的哲学中，我们首先遇到的是一系列错综复杂的重要原则。有一些基本条件数量虽少却是政治生命的决定因素，但挖掘出这些基本条件似乎是不可能的事情。

生活的特别之处就在于极致的简单。

建立并维持一个帝国可以简化为两项原则：

1. 运用本国的军事力量。

2. 利用他国的军事力量或使之保持中立。

我们目前关注的是第二项，这在国际联盟中得到了验证。建立在联盟基础上的国家防御或扩张，其基本特点就是国家力量的增加。消极的方式是让敌人军力保持中立，积极的方式是歼灭敌军。

———————————

① ［译注］斯库拉和卡律布狄斯都是希腊神话中的女海妖。

国际联盟应受到三个基本条件的支配：

1. 如果会增加战争的可能性或使其通过战争增加实力，不应与这样的国家结盟。

2. 扩张线路和利益高度重合的国家不应建立联盟。

[87]3. 在赢得战争的情况，联盟的国家通过胜利获得的政治权力和战略地位不会损害其盟友的政治、经济势力范围。

有人会反对说，当一个联盟的错误变得日益明显时，条约的最终结果将无法确定。这种看法是错误的。在和平时期建立联盟的目的是为了战争；既然在战前制订，支配其联盟的条件就不会超出战争。因战争而产生的条件，无论胜败，都应在建立联盟时成为决定性的因素。

正是对未来结果的无所谓导致帝国与日本结盟，创造出有可能使帝国解体的第三股强大力量。从另一方面来说，英日同盟建立的目的恰好增加了同盟力图缓解的危险。

使一个东方国家对抗欧洲在亚洲的扩张，这一政策没错，但前提是这能成功抑制针对帝国亚洲边界的扩张，同时不会使东方国家的军力超过英国认为有必要遏制的欧洲国家。

[88]俄罗斯被日本打败导致四种灾难：

1. 这场战争并没有将俄罗斯赶回欧洲，反而将俄罗斯的扩张目标从东北亚转至中亚地区。帝国最重要的利益都集中在中亚地区，一旦中亚失守将直接导致帝国的解体。

2. 日本在太平洋比大英帝国更为强大。

3. 俄罗斯的失利使得日本得以进行政治、经济扩张，这把英国在太平洋的全部利益囊括在内。

4. 俄罗斯的失利导致英国丧失了作为世界上唯一海上强国的有利地位，创造出第二个海上强国。日本与亚洲的地理关系正如同英国之于欧洲，其在太平洋地区的潜力要远远超出英国在大西洋的潜力。

日俄战争的这四个结果暴露出英国政治家的错误和日本人的智慧。

在建立英日同盟时,日本遵循建立同盟决定性的三原则,而大不列颠则无视关乎帝国未来利益的基本因素。在英日同盟续约时,[89]英国最终未能履行对于太平洋领地的职责,其影响远大于澳大拉西亚未能服从帝国的利益和统一。

不管抑制俄罗斯在中国北部的推进如何必要,大英帝国都应该将自由行动以及权力平衡的权利掌握在自己手中,不让战胜国占领战略要地,具备威胁撒克逊人利益或遏制其扩张的军事潜力。

在决定国际联盟动机及组建的原则中,最基础的原则就是任何国家不应帮助创立、扶植或保护与其利益或者扩张线路高度重合的其他国家。此类援助只会增强其他国的扩张能力,加快其按照既定路线推进的步伐。

太平洋的均衡

日本的崛起开辟了一个新纪元。在日本面前,西方各国的掠夺步伐开始徘徊不前,正如同几百年前的东方一样。在这种踌躇当中,大英帝国面临的困境是:第二个海上强国像过去的英国一样已经诞生,而且像英国一样在海上交通线掠夺。

在日本崛起之初,没有人意识到这一事件的重大意义。也没有办法让人理解其意义,人们现在只是刚开始有点模糊的认识。

[90]日本的命运属于未来。

日本在太平洋比大英帝国在大西洋还要强大。

日本控制着占地球表面三分之一的太平洋,这种控制正以其独有的方式日益增强,而英国与此同时对大西洋的控制却日渐式微。日本的军力及其海上机动能力不输德军,但大英帝国的远征军却比不上日本的 7 个师。

一个国家在发展过程中总会受到地理环境的制约。如果地理环境和气候相同,位于世界不同地区、居住着不同种族的两个国家发展道路会完全一样。此外,如果两个国家的福祉(welfare)或强大依靠获取同样的财富或权力并且使用相同的手段,我们立刻会意识到一种非常险恶的形势。两国的实力、利益和扩张路线会高度重合,有一天会陷入灾难性的布匿战争时代,在那种情况下,和平也是战争。

从这个词最全面的意义上来说,英日同盟使日本帝国成为可能。这会导致全球的三分之一落入日本手中。另一方面,[91]英国没有从中得到任何回报,反而使昨日的杰作变成了今日的雷区。

如果帮助他国旨在削弱或破坏共同敌人的政治、领土扩张,这就涉及到两项义务,但英日同盟没有提及。因此,到英日同盟终止时,我们会发现印度的边界比以前还要脆弱,中国向西部推进,日本在太平洋上固若金汤。

推动日本扩张的力量显而易见,但是其扩张的方向神秘莫测,迷雾重重。日本扩张的方向应该由其本身来证实,但是国家的扩张并非飘忽不定,而是受到已知法则的控制和指引。

在进行太平洋扩张以前,日本与亚洲和太平洋的关系同英国与欧洲和大西洋一样。日本帝国的扩张与英国扩张的不同之处在于,日本的活动将限于太平洋且日本就是太平洋的战略中心(见《无知之勇》)。日本目前在大陆上的扩张属于其真正的扩张计划,[92]正如英国的大陆战争是其发展的一部分。如果日本扩大其在亚洲大陆的主权,忽视首先取得太平洋的控制权,其追求国家强大的时运就将走到尽头。

决定一个岛国的发展和防御的基本原则不仅仅是在该国海域取得海军优势,在现代,这种控制的半径必须在距离上相应地延长,因为随着现代交通速度和运力的增加,运输时间大大缩短。根据这一法则,日本的海上边界必须向东延伸至夏威夷群岛,向南延伸至菲律宾群岛。日本如果不取得太平洋的控制权就意味着失去对亚洲的主权,这等同于英国与控制着大西洋的德国开战。由于这个原因,日本可能正面临下一场战争——与美国的战争,日本希望凭借此战奠定其伟大的真正基础(见《无知之勇》)。

对日本的发展和潜力视而不见,淹没在党派政治的兴衰起伏,异质性的种族问题,个人高于国家利益,国家对军人的藐视,所有这些早已决定了这一生死搏斗的结局。

[93]此战后,大英帝国在太平洋的战略位置将非常脆弱,屈服于日本的意志(参见《无知之勇》)。旅顺、朝鲜和日本群岛使得威海卫现已毫无用处。日本接着将楔入菲律宾,孤立新加坡,切断澳大拉西亚与北美的联系。

在这场战争在英日同盟终止后,大英帝国将卷入欧洲或者印度边界的纷争。澳大拉西亚最终落入日本之手将导致英国的失败。一个国家要生存就决不会中断军事的发展和扩张,日本在落实这一基本原则时不会犹豫迟疑。

在考虑构成国家实力和霸权的必要因素时,我们发现日本已具备所有这些潜在因素,这实在让人惊讶。随着文明程度日益复杂,我们的尚武精神相应地在削弱,日本却没有这样的衰弱问题。随着我们缓慢进化,我们的尚武精神也在不断剥落。但日本将二者作为一个整体,把进化与勇气捆绑、焊接在一起。

在太平洋政治、军事平衡重新调整的过程中,[94]大英帝国不仅要考虑到日本战略位置的坚不可摧,还要考虑到日本自身及其构成要素的特点。在日本,自负无知的民众在国家事务中没有什么地位,高谈阔论的多数人噪声再大也不会威胁到国家的决策者。沉默但毫不迟疑,缓慢却专心致志,这个军事帝国正渡海而来。国家的形象消失,日本已经变形为一名战士。这名战士就是国家的天才,他把殉难升华为英雄主义,又把英雄主义升华为义务。他不纠缠于永恒,而是在自己的国家创造一个上帝,用英勇开发出一个圣殿。

恢复太平洋以前的平衡,不仅是英国对其太平洋领地应当承担的职责,也是对其本国应当承担的职责,毕竟这些领地是英国的组成部分。势力的均衡将使所有的征服都是暂时的,而且能防止全球三分之一的土地落入异族之手。太平洋领地的脱离预示着帝国最终的收缩和解体,就像帝国最终也将失去更重要的组成部分一样。两者的区别只是时间的先后。

澳大拉西亚未来的永久防御不仅仅是在海洋,[95]而且其海军的战力必须等同甚至超过太平洋上最强大的海军。显然,这只能完全依靠整个帝国来实现。

要取得太平洋地区的政治和军事平衡并不意味着要和日本针锋相对。这种平衡意味着太平洋各国之间势力的相对平衡,大英帝国以其太平洋国家的实力有能力做到这一点。太平洋的势力均衡将确保英国领土、利益的完整性。

中国的扩张

我们在前面讨论过建立联盟必须遵循的一些原则以及援助东方国家对抗欧洲强国在亚洲扩张的政策。从这些方面来看,英国应该选择结盟的国家显然是中国而非日本。由于中国的实力太弱,英国不可能与中国结盟。但在几年前,大英帝国就有必要推行政策使中国成为一个强大的内陆大国。这种必然性仍然存在并简化为三种情况。

从帕米尔高原到太平洋,中国与俄罗斯的边境线长达六千多英里,与印度边境线一起抵御俄罗斯的扩张。中国的忠诚是永久的,不是政治家的权宜之计。

[96]中国比俄罗斯还像一个内陆国家。支配着内陆国家发展的那些原则将控制着中国的发展、政策和军事扩张。和其他国家相比,中国的扩张对俄罗斯最具对抗性。一旦俄罗斯试图壮大中国,正如英国成功扶植了日本,如果俄罗斯也期望中国发展壮

大,他们就犯了同样的错误。正如英国和日本的推进基本在海洋重合一样,俄罗斯与中国会在大陆重合。正是这种重合构成了中国与帝国结盟的价值。随着中国的发展,中部的居民会沿铁路线迁移至西部和北部边界,随着中国实力的增加和中华帝国的延伸,这种同盟的价值会相应增加。撒克逊人与日本的关系则正好相反。

通过延续英日同盟来保护印度不受俄罗斯攻击,这是某些国家经常出现的悲剧性错觉。俄罗斯的胜利会影响印度的安全,这一点并不难理解。但俄罗斯的失利会让这些边界更脆弱,[97]这一点英国却从未想过。通过这个痛苦的悖论,我们发现,英国势力在印度的毁灭不仅会导致俄罗斯称霸亚洲大陆,还会消除撒克逊在太平洋的势力,让日本把海洋主权延伸到整个太平洋。日本和俄罗斯才是天然的盟友,日本和英国可不是。它们各自帝国真正的扩张并不重合,一个是大陆,一个是海洋。撒克逊人不仅在陆地上抵制俄罗斯人的扩张,必然有一天还会要以同样的决心来抵制日本在海洋的扩张。两国在与大英帝国的战争中都有可能获胜。撒克逊人会阻挠两国的自然扩张。这就使日俄形成紧密的利益共同体,为消灭共同的敌人,两国有一天将结为同盟。

中国的情况正与此相反。俄罗斯征服印度可以让日本实现获得太平洋霸权的野心。但是对中国来说,却预示着自身最终的毁灭。中国保证印度领土完整方面的利益同保护自己领土、政治实体的安全一样至关重要。俄罗斯征服中国同样意味着摧毁了英国在印度的势力。中国与大英帝国的利益高度一致,两国的发展和扩张[98]都会影响到共同的敌人。敌国及其盟友的扩张或壮大,无论对中国还是对英国来说,都同样危险。共同的危险可以巩固中英两国的利益,而各自的繁荣也不会让两国分道扬镳。

俄罗斯被日本打败的后果

中英两国为保持他们在亚洲的政治、领土完整相互依存，这就决定了两国关系的自然特性。这一点也同样体现在两国国家活动和扩张的各个阶段。中英联盟的特点同日俄联盟是一样的。俄罗斯的扩张是在陆地，中国也是如此。日本的扩张是在海洋，英国也一样。两国之间不存在利益的重合，因此不会出现导致战争的对抗。英国的海军，中国的陆军，对于对方来说都是防御力量，而两国都无法单独推进这种防御。这些军事活动的延伸完全平衡，未来决不会产生像与扩张生命的国家结盟那样的危险。

与复兴的中国结盟不仅可以形成西太平洋地区的政治军事平衡，甚至能够在一定程度上平衡中亚地区的局势。另一方面，虽然目前仍然处于缓慢的衰退过程，[99]但中国的风险也在增加，这会威胁到英国在亚太的领土。虽然说印度的前途决定了中国的命运，但我们同样可以肯定地说，中国的消亡会是英国被逐出亚洲和西太平洋的前奏。

第八章　撒克逊人与俄罗斯人

东方现在已不可能再闭关锁国

[100]在研究人类与政治交流相关的发展和演变时，我们发现一个前所未有的奇特现象：东方国家和西方国家在所有政治生活的活动中基于平等和持久进行交往。在此之前，东西方的关系是接连不断的冲突、战争，然后是休战，除非一方或另一方对其战利品犹豫不决或在征服的瓦砾中暂时保持优势。

如今，能够让东西方保持闭关锁国状态的条件已不复存在。各国在这个时代已经无法把山峦、海洋作为城墙、壕沟来隐蔽自己。一个国家的穷富、强弱对全世界来说已不是秘密。科学不同于上帝，不会拣选它的子民。[101]不管是日出之地的居民，还是日落之地的居民，科学都一视同仁。科学以公正无情的方式将这一曾经广阔的世界压缩成一个小球，每天萦绕在周围的是100种方言的窃窃私语。地球现在也就比古代巴比伦的通天塔（Tower of Babel）低100肘尺①而已。从前浩瀚无限的世界变得如此之小，人们能立即看到地球的方方面面，听到地球上所有嘈杂的声音，知

---

① ［译注］肘尺，古时的一种长度单位，自肘至中指端，约长约43至56厘米。

晓各个角落每天的阴晴雨雪,明白争吵和欢笑、饥饿和浪费、仇恨和欺骗仍在困扰着这些或古老或新鲜的土地。人同时在抵制着时间、上帝和空间。

然而,这种永恒,这种平等,这种把东西方挤压在一起的联系会否使西方在数量上处于不平等? 谁又敢说这不是古老的威胁以一种全新的、可怕的面孔获得新生?

作为个人和国家的人类在所有的基本活动中都被源于原始本能的动机所驱使。东方与西方的敌对完全服从于这一基本原则:两个主要种族对生存与统治的争夺。

交往方式已经更改,环境发生变化,还有许多相互作用的条件,这些都会影响、改变民族原有的特性。[102]但这种改变不是瞬间发生,而是要持续一段时间,时间的长短取决于变化的特性是风俗、民族性格,还是人类的原始本能。由于转型迅速,由于未能区分以下三种情况,人们经常自欺欺人。

因为东方的习俗已经改变,他们接受了西方文明的基本要素,但这并不意味着他们的种族特性或者倾向同时发生改变,也不意味着区分东方与西方的原始属性也同时发生了变形(metamorphosis)。与接受乃至同化另一种族的习俗或外在形式相比,这些改变只会在经历漫长岁月后才能发生。

谁能够断言,东方与西方之间古老的对抗会因双方距离的缩减而消失? 缩减敌对者的距离只会相应地增加敌对的强度。要增加争斗的可能性只需使敌对者更接近。尽管战争的手段的实施方式不再是亚历山大向东方跋涉或成吉思汗横扫欧洲时那样,但这种持久长存的斗争的因果关系却保持不变。

[103]奉天(即沈阳)只不过是阿贝拉(Arbela)的一种回声。

东方和西方经由科学技术这个媒介而突然挤在了一起,但这并不意味着双方的对抗和争斗会停止或消除。东西方的战争就像青海湖(Koko Nor)上的暴风雨一样时断时续,现在却成为在因果关系作用下双方关系起起伏伏的一个因素。这场斗争不变的特点必然使得全球进行政治调整，并把人们对"地球和平"的绝望呼吁带入一个模糊、不确定的未来。

我们在欧洲经常看到，在漫长的战争以前或期间，总会发生政治形势的调整。这在不同的间歇必然推动人类的发展，不仅在欧洲如此，世界各地都一样，各个民族毗邻而居却属于各自的政治实体。通过 17、18 和 19 世纪的战争，欧洲的政治完成了最终的调整，欧洲现在仍准备投入古老的斗争。布匿战争早已被人遗忘，拿破仑战争也已经过去 100 年。但数百年来引发战争的原因从基本冲动的角度来说仍然没变，除了表达的方式。

[104]如果思考欧洲之外的世界，各式各样的种族都挤在比欧洲还小的战场上，我们可能会模糊地意识到一个可怕事实的前兆。我们正在进入全球政治重新调整的第一个时代。这些时代会以相同的无法避免彼此相连，就如同时间的循环往复。

一个伟大的民族满怀着先辈一样的英勇，却逃避决定着种族伟大和生存的战争。这实在让人惆怅难言！怯懦和逃避没有分界线，无论对国家还是对个人都是如此。企图用借口来逃避责任，其原因只不过是恐惧罢了。

某些人让自己的种族陷入幻想，使他们认为可以嘲笑指引着自己的上帝，却将自己的种族钉上了十字架。他们中的幸存者面对的是家国不再，余生流离失所，永无休止。

欧洲在亚洲的利益高度重合

根据我们在前文讨论过的形势，世界政治的重新调整并非仅仅涉及白种人和有色人种的竞争。另一方面，在亚洲大陆，近期的调整将或多或少地限于那些在亚洲的扩张和利益相重合的白种人。[105]欧洲国家在亚洲利益的高度重合源于以下两个原因：

1. 机械发明减少了交通的时间，拉近了距离。

2. 亚洲的觉醒。

随着这两个因素的影响不断增加,欧洲国家在亚洲利益的重合程度日益加强,扩张的强度也相应提高。在受这些变化因素影响最严重的国家中,法国最不值得关注,大英帝国最值得关注。因为德国和俄罗斯在亚洲扩张的重合都指向英国在亚洲的战略中心。

此前,我们曾经注意到一种奇特的宿命。这种命运时常会笼罩在所有国家头上,在多数情况下是导致国家最终解体的间接原因。这就是国家全力对付一个敌人,对同样危险的敌人在其他边境线上的动作疏于防范。在这一方面,没有比英国更好的例证了。由于害怕德国的入侵,英国对俄罗斯在帝国边境的推进视而不见。假如俄罗斯真的占领那些地方,其破坏性要超过德国侵入英格兰本土。

俄罗斯既定的扩张

俄罗斯帝国的推进[106]就如大自然的进化一般缓慢慎重,从容不迫。在扩张过程中,俄罗斯在基本推动力的驱使下前进。它的移动就像冰川一样,只有在一段时间后才会变得明显。其可怕的、平静的研磨无声无息,缓慢蚕食,直到俄罗斯跨越既定的地点,人们才意识到它的推进。不能一举击破,俄罗斯就慢慢进行侵蚀。不能侵蚀,俄罗斯就从一些大大小小的裂缝正面突破,再清除阻碍前进的残骸。

俄罗斯就这样不断前进。

这种如冰川般、无休无止、缓慢且坚定的推进,这种平静、可怕的决心甚至让拿破仑都胆战心惊,把拿破仑热情高涨的火焰浇灭成了炉灰。

18 世纪初,俄罗斯的国土面积不足 27.5 万平方英里。仅仅过了 7 代人,其国土面积已增至 900 万平方英里,占全球陆地面积的七分之一。如今，俄罗斯现在比其他欧洲国家加起来的面积还要大。在同一时期，其全国人口总数也从 1200 万增至 1.5 亿。依据其现在的增长比率，俄罗斯在 3 代人以后人口将超过 4 亿。从 18 世纪初到现在，俄罗斯税收从 100 万英镑增加到 2 亿英镑。

[107]让我们感觉到俄罗斯不可战胜的，并不是俄罗斯的增长和伟大，而是其推进的方式。与其他大国不同，俄罗斯的扩张从不会飘忽不定，也从不依靠偶然的形势。俄罗斯的扩张并不是源于一连串的偶然的权宜之计，而是依靠无情地实施一个预先制定的计划。

18 世纪初，俄罗斯得以整合，有可能推进 17 世纪制定的扩张计划。早在 100 年前，俄罗斯就预先确定五条扩张路线（消息来源：库罗帕特金[Kuropatkin]）：

1. 西北方向，迫使瑞典从波罗的海撤退并在波罗的海建立俄罗斯边界。这项工作始自沙皇约翰三世和四世。

2. 西面，从波兰手中夺取小俄罗斯（译注：乌克兰的旧称）和白俄罗斯。这项工作始自沙皇阿列克谢（Alexei Michaelovitch）。

3. 南面，获取黑海控制权，在土耳其造成政局动荡以便入侵。这项工作由大公爵奥列格（Grand Dukes Oleg）和施华特斯洛夫（Sviatosloff）提出。

4. 东南方向，夺取里海和高加索地区。这项工作[108]始于沙皇伊万诺维奇（Theodore Ivanovitch）和古德诺夫（Boris Godun-off）。

5. 东方，向太平洋地区和印度挺进。

在 18 世纪，俄罗斯仅仅完成以上线路中的三条。西北边境是当时俄罗斯最重要的扩张边线，经过 21 年的战争，俄罗斯完成这项工作控制了波罗的海。瑞典军队的毁灭意味着，俄罗斯在北方取得了此后再未易手的霸权。在西部边境，为夺取小俄罗斯和白俄罗斯，俄罗斯与波兰进行了三场战争。这些斗争不仅将这些土地纳入俄罗斯的版图,还摧毁了作为独立王国的波兰。为向黑海推进并削弱土耳其,俄罗斯与土耳其进行了四场战争。正如与瑞典的第一场战争,俄罗斯首战失利,但到第四场战争时实现目标,进入黑海,占领克里米亚(Crimea)以及德涅斯特河(Dniester)、布格河(Bug)以西的土地。

整个 19 世纪,俄罗斯扩张整合的脚步一刻不停。在西北,历时 15 个月的战争后,俄罗斯将芬兰收入囊中。在西部边境,波兰被肢解,[109]部分土地归俄罗斯所有。俄罗斯主权在黑海的延伸和巩固导致了与土耳其的三次战争或者更多,一次与欧洲联盟的战争。俄罗斯在第一次战争后得到比萨拉比亚(Bessarabia)部分土地,第二次战争后占领多瑙河河口和黑海沿岸 370 英里的土地,第三次战争后占领巴统(Batoum)和卡尔斯(Kars)。

18 世纪,俄罗斯在东线没有进行扩张。18 世纪伊始,俄罗斯曾经在印度方向进行过尝试,但在希瓦古城(Khiva)失利后止步。与在欧洲的扩张相比,俄罗斯在亚洲的行动明显受到限制。这就使得欧洲各国认为,俄罗斯已经将向太平洋扩张、征服印度的计划束之高阁。其实在这段时间里,俄罗斯一直在向太平洋和印度推进,像漂移的冰川一样悄无声息、难以察觉。等引起注意时,俄罗斯已抵达既定地点。

19 世纪,为占领高加索和里海,俄罗斯与波斯进行了两场战争,与高加索高地人的战争长达 62 年。在中亚,为占领印度的阿富汗边界,俄罗斯进行了 30 年的战争。同样在 19 世纪,俄罗斯占领阿穆尔河(Amur)、乌苏里(Ussure)地区、堪察加(Kamchatka)[110]和辽东半岛(Kwangtung)。俄罗斯将这些广袤的土地整为一体。

俄罗斯既是欧洲国家,也是亚洲国家。

如果追随俄罗斯扩张的脚步,研究其 17 世纪计划的推进,我们看到的是不可抵抗的自然力量的逐渐演进,而不是人类的斗争。

在两个世纪里,俄罗斯为对外扩张总共发动 21 次战争,持续时间长达 101 年(消息来源:Kuropatkin)。为控制波罗的海,参战的180 万士兵有 70 万人阵亡。为获得黑海控制权,参战的 320 万士兵有 75 万人阵亡。

在其推进过程中,俄罗斯担心的不是战争造成的破坏,而是寒冬带来的浩劫。18 世纪,俄罗斯送上战场的士兵总人数为 491万,伤亡人数为 138 万。19 世纪,俄罗斯送上战场的士兵总人数为 490 万,伤亡人数为 141 万。18 世纪初,俄罗斯人口总数仅为1200 万人。考虑到上述事实,在研究 20 世纪俄罗斯扩张的各种可能性时,我们就会意识到,与 18、19 世纪相比,俄罗斯的侵略实力[111]将远远超过敌对力量。

三条同质的路线

在研究 17 世纪俄罗斯帝国扩张计划的过程中,我们会发现200 多年以来,俄罗斯始终百折不挠地朝既定目标前进。我们无法相信这样一个民族会主动放弃。时至今日,俄罗斯人从未退缩,从未犹豫,不慌不忙,胜不骄败不馁,不在乎战火蹂躏的大地和同伴堆积如山的尸首。他们的目光始终注视着遥远的地平线,注视着指引他们前进的方向。从 18 世纪开始,俄罗斯就致力于实现这些目标。从那时起,俄罗斯人没有萌生新的野心,但也从未放弃祖先早已定下的目标。18 世纪,俄罗斯只完成三个扩张目标,把剩余的两个留待下个世纪来完成。到 19 世纪,这两个目标又被推迟到 20 世纪。

20 世纪伊始,俄罗斯就在满洲(Manchuria)遭受惨败,陷入险境。[112]对于俄罗斯来说,这样的失败已经不是第一次,几乎每个新世纪开始时,这样的悲剧都要上演。18 世纪伊始,俄罗斯在纳尔瓦(Narva)战役中惨败;19 世纪伊始,俄罗斯在奥斯特利茨(Austerlitz)战役中败北;20 世纪伊始,俄罗斯在中国东北的奉天（Mukden）战役中大败。但是纳尔瓦战役后，俄罗斯取得波尔塔瓦（Poltava）大捷，耗时 21 年最终击败瑞典。奥斯特利茨战役和弗里德兰（Friedland）战役失利后，俄罗斯取得莫斯科战役的胜利，攻占巴黎。这样看来，谁又知道奉天失利的后续情况如何呢？

俄罗斯 18 世纪对欧洲发起的进攻，为其后续的扩张铺路，其影响甚至延续到 20 世纪。俄罗斯 20 世纪的扩张路线有三条：

1. 右翼是博斯普鲁斯（Bosphorus）海峡。

2. 左翼是太平洋地区沿线。

3. 中间线路是通过波斯到达印度。

研究这三条扩张线路后，我们才意识到下述事件的意义：日本的崛起和胜利、德国的崛起和野心。所有这一切都会促使撒克逊人和俄罗斯人走向战争，走向数百年前就早已注定的战争。

同个人一样，国家要么选择阻力最小的方向前进，要么使自己付出的努力得到最大的回报。如果在两个或更多路线中做出选择，其中一条路线至关重要，[113]国家也同个人一样很难做出正确的抉择。路线的数量越多，正确选择的机率就越小。从时间上看，俄罗斯向太平洋地区扩张的时间已经比原定计划推迟了 10 年。俄罗斯向土耳其的推进原本应该在《提尔西特条约》（*Treaty of Tilsit*）①签订后就立即展开。向印度推进就是现在，我们后面将予以详述。

印度的重要性

在前面的章节中，我们讲述过印度的战略地位非常重要。如果成为俄罗斯的一部分，印度的重要性将大幅提升，成为俄罗斯建立普遍帝国的枢钥。现代文明通过机械发明消除了距离，这也让

---

① ［译注］1807 年 6 月，拿破仑在弗里德兰击败俄普联军后签署的两个条约。

世界猛然意识到，掌控印度就能掌控半个地球。其实，印度自古以来一直如此。

英国通过士兵的英勇控制了这一广袤地区，但撒克逊人直到现在也没有意识到，英国的根基是在印度。另一方面，俄罗斯仍然会继续向印度挺进，征服一直是俄罗斯扩张的基本原则。200多年前，在奠定俄罗斯五大基石的关键时刻，[114]印度是帝国的主要支柱。比较200多年前彼得大帝的远见卓识和我们祖先的盲目，这真让人黯然神伤！彼得大帝告诫他的人民：

> 要永远记住：印度的商贸就是全球的商贸，谁独自控制了印度，谁就是欧洲的主人。不要错失与波斯开战的机会，加速波斯的衰败，向波斯湾推进。

在国家生命演进的过程中，如果有几条扩张路线，最困难的一项任务是选择并坚持一条基本路线。我们很少看到扩张意图的明确表述，但是扩张的方向随着国家政策的变化而变化。它们会随着当权者的睿智或无敌、造成邻国发展或衰退的外部原因而调整。时至今日，俄罗斯对印度的侵略意图仍然和彼得大帝时期一样，但这一征服对于整个世界的影响比当时更具决定性。

签订《提尔西特条约》后，沙皇亚历山大没有立即挥军南下，[115]取道巴尔干半岛夺取博斯普鲁斯海峡，错失良机。俄罗斯帝国此后在右翼再也没有直接推进过。每过10年，俄罗斯右翼推进的机会越来越渺茫。德国实力的每一次增加就意味着俄罗斯通过巴尔干半岛直接扩张的实力在减弱，但这并不能阻止俄罗斯向博斯普鲁斯海峡推进。俄罗斯只是改变方向，延长线路并改变其实现目标的方式。

我们前面提到过包括印度在内的战略三角区（见图一）——印度、德黑兰和塞得港。美索不达米亚、底格里斯河流域和幼发拉底河流域都处于这一区域。如果俄罗斯占领如今属于撒克逊人的波斯和印度,小亚细亚届时也将为俄罗斯所有。如此一来,俄罗斯就靠近了博斯普鲁斯海峡的南岸。只要德国和奥地利军队继续保持积极的推进而撒克逊人在印度及其势力范围内防御日益松懈,俄罗斯向博斯普鲁斯海峡推进时阻力最小的方向就是取道波斯和印度。一旦俄罗斯军队看到印度洋时,他们会发自内心地大喊:"我们到达博斯普鲁斯海峡了!"

自 19 世纪下半叶起,[116]俄罗斯开始在左翼从西伯利亚向太平洋扩张,这原则上是正确的。自从西伯利亚铁路建成通车后,从沿海到帝国心脏就不再遥远。从莫斯科到太平洋的时间甚至比 19 世纪初从莫斯科到圣彼得堡的时间还短。但是和向印度的扩张相比,这一路线就显得没那么重要,它必然会消耗俄罗斯的军事力量。俄罗斯在左翼的付出永远也得不到相应的回报,原因有四点:

1. 如果日俄战争早于或者紧随甲午海战后,付出的开支就会小到用抵达太平洋海岸的利益来弥补。俄罗斯向波斯和印度方向推进根本不能取得这样的成果。相较之下,俄罗斯不难做出选择。

2. 即使俄罗斯在 1904 年日俄战争中获胜,所取得的利益也不足以弥补其付出的代价。比较向波斯和印度方向扩张取得的成果,俄罗斯不难做出选择。

3. 如果俄罗斯未来向北太平洋推进,[117]其要承担开支的最低限额都会超过 1904 至 1905 年日俄战争的最高限额。

4. 日本实力的每一次增强都将相应削弱俄罗斯向这一路线推进的能力。

这就是日本胜利的意义。俄罗斯在太平洋方面的推进被迫后撤,就如同无法从巴尔干半岛南下被迫绕路一样。但奇怪的是,这些挫折非但没有迟滞反而加快了俄罗斯的扩张。对于这一结果,我们可以总结为一条几乎不变的规律:俄罗斯在不同线路扩张的冲动取决于在其他进攻路线受阻后回撤的程度,扩张与后撤的比例为 3:2。正是基于这一法则,俄罗斯横扫亚欧大陆,无论战胜还是战败。

对于俄罗斯来说,日俄战争只不过是后撤一步。但对于撒克逊人来说,这却是一场灾难。日本逼迫俄罗斯从北太平洋后撤,俄罗斯就只有将整个帝国压向印度方向。

前文说过印度东部的战略三角区(见图一)——印度、香港和新加坡。俄罗斯一旦占领印度,这一战略地带也就成了俄罗斯的囊中之物,[118]而这一地区目前处于撒克逊人的统治之下。通过这一步,俄罗斯就从陆上、海上将整个东方与整个欧洲隔离开来。在太平洋被日本逼退,在博斯普鲁斯海峡被德国逼退,俄罗斯现在被迫回到其基本的扩张路线,取道波斯占领印度平原,然后夺取太平洋和博斯普鲁斯海峡。

第九章　撒克逊人与欧洲

俄罗斯的扩张受挫后目标更为集中

[119]熟知失败的哲学后，俄罗斯就不会遭受最终的失败。既定扩张政策的推进依靠的既是胜利的积累，从另一方面来说，也是灾难的集中。国家的不幸使兵力更为集中，这使得俄罗斯帝国不仅能抵御来自外部力量的摧毁，还能取得最终的胜利。占领欧亚大陆的内线，俄罗斯的侵略半径指向世界各地政治上、地理上无法凝聚在一起的地区。当俄罗斯的移动在一个地区受到阻碍时，它在其他地区的扩张就会获得动力。在一个海岸退潮只不过是为了突破另一处海岸。俄罗斯像海洋一样强大，其军力的运用也如海洋一样波澜壮阔。

[120]俄罗斯中心线的扩张就能显现出其帝国扩张胜利的累积效应。先是征服白俄罗斯，随即又占领小俄罗斯及南部俄罗斯，接着占领黑海、高加索和中亚。这一中心届时将移至 200 年前就确立的目标。占领波斯后，下一个目标必然是印度，占领小亚细亚及其西部地区，俄罗斯必然要占领缅甸及其东部地区（见图二）。占领红海和印度洋后，俄罗斯就可以从撒克逊人手中夺取非洲和太平洋地区的领地。

至此,俄罗斯帝国的扩张将告一段落。

这已接近于世界帝国。

俄罗斯战败后的集中推进并不是一种异常,而是以下三个因素的自然结果:

1. 与亚洲和欧洲相比,俄罗斯领土的同质性和内部战略形势。

2. 与俄罗斯边境接壤各国在地理、种族和政治方面处于隔离状态。

3. 俄罗斯根据其最强邻国最大规模的军事扩张来自动调节军事平衡。

18 世纪初,俄罗斯就在纳尔瓦吃了败仗。[121]这促使俄罗斯集中扩张,加强军力,其兵力甚至超过最强大邻国瑞典,继而向南部和东部扩张。另一方面,19 世纪伊始,俄罗斯在捷克的奥斯特利茨又遭遇大败,这促使其发展军力,在整个 19 世纪向南部和东部推进扩张。这两场败仗间接地使俄罗斯帝国从不足 30 万平方英里增至 900 万平方英里。和前两个世纪开始时一样,俄罗斯在 20 世纪初经历日俄战争的失败。这场战争失利的后果同过去的灾难一样,在这些力量完成了古老的升级和调整后,俄罗斯将向别的地区推进扩张。如果德国而非日本在 20 世纪初击败俄罗斯,除下述两点外结果不会有什么不同:(1)俄罗斯军事调整的时间要长得多,因为德国在军事方面强于日本,涉及的利益也更为重大;(2)使俄罗斯接下来的扩张地区变更为西北亚而非波斯和印度。

针对共同目标结成同盟的条件

重新调整其军事力量后,[122]俄罗斯将会寻求抵抗最小的扩张路线,以通过必要的手段获得预期的成果。正如我们在前文所述,这条线路就是中亚—波斯—印度。与俄罗斯日益增加的机遇和实力相比,撒克逊人在这些地区的防御在数量上简直可以忽略不计,而俄罗斯取得成功的收益却已大幅增加。从另一方面来说,条顿人对巴尔干半岛的防御,日本人对东北亚的防御都已大幅提升。在 20 世纪初,俄罗斯帝国如果不付出巨大的辛劳和投入,就得不到胜利的回报。结果,俄罗斯扩张的焦点就转向中亚、波斯和印度。

我们开始分析俄、日、德三国间至关重要的政治关系。三国现在已自然而然地针对撒克逊人的霸权建立同盟。在德、意、奥缔结的《三国同盟》(*Dreibund*)①中,政客并没有起到很大作用。一系列命中注定的事件限制着人的控制能力,使人遵循那些不变的基本原则。变化的只是这些原则影响国家存续时间或限定条件的方式。

针对共同的目标建立同盟,[123]一般要符合两个条件:互保或互利。可能看起来有些奇怪,但是为共同利益建立的同盟要比为共同安全建立的同盟牢固得多。原因很简单:为共同利益建立同盟,其采取的行动是积极的;为共同防御而建立的同盟都是消极行动。利益同盟是从不同方向指向一个共同目标。另一方面,防御同盟则是从一个共同点向不同的地方分散,因为同盟的成员分散各地。

在自然力量的指引下,一些种族自发地联合起来对付另一个孤立、分散的种族。一旦意识到这种结盟的意义,我们就会明白撒克逊人即将面临的这些可能发生的事情。德、意、奥缔结的《三国同盟》对于大英帝国来说是消极的威胁。这一同盟属于人为制定并以政治考量为基础,而且凡是人为的就会暂时存续。尽管同盟中的某一成员会努力改变联盟的性质,使之成为针对撒克逊种族的侵略同盟,但这种情况不会发生。如果想成功地使联盟的性质从防御变成侵略,条顿人必须确保大英帝国解体后,意大利获得足

---

① [译注]该盟约起始时间为 1882 年至 1915 年。

够的利益，[124]未来的扩张不再受到条顿人的制约。但现实情况恰恰相反。在英国倾覆后，实力强大的德国而非意大利将代替英国掌握地中海以及所有属地控制权。到那时，意大利甚至无法自由地追求它目前有限的命运，完全成为条顿人的附属，无论是在陆上还是在海上。

条顿人在势力和领土的增长与意大利王国这两方面的削弱成比。我们可以把这句话视为一条准则。意大利的国家安全在于其盟友的失败而非成功，这是一个悖论。这让我们看到《三国同盟》的错误和虚假，意大利的未来与大英帝国的解体息息相关。

反英同盟形成的原因

我们将视线从这一短暂的同盟转向另一三国同盟。这一同盟是自然力量作用的结果，形成了历史曲线的组成部分。了解这一同盟形成的原因，我们才能决定其发展和完善。针对大英帝国结盟的国家只有三个——日本、俄罗斯和德国。三国结成同盟后，不管是单干还是与盟友联合，[125]各国付出的努力和承担的职责都与其获得的利益相均衡。原因有以下三点：

1. 只有在大英帝国解体后，三国的政策才会高度重叠，因为它们在政治和地理上的扩张半径针对的都是撒克逊人的领地。

2. 只要运用正常的政治才智，不受到各国民众情绪的干预，这一天然同盟就不会被破坏，因为：

（1）如果德国与俄罗斯开战，虽说败北的国家会陷入悲惨的境地，但是胜方得到的好处不足以弥补开支。

（2）如果日本和德国开战，结果对胜负双方都不利。俄罗斯得不到什么好处，因为日、德两国的地理位置以及军事发展程度接近，这使得两国无法给对方决定性的打击，而且到战争结束时军力都比战争开始时更强大。

（3）如果日俄两国再次开战，其结果一样对双方都不利。就算能够占领中国的部分领土,这也无法弥补任何一方的开支。德国得不到什么好处,[126]从另一方面来说,日俄军事实力的增加使得德国成了失败者。如果日本获胜,会让德国在东亚和太平洋的领地更加不安全。如果俄罗斯获胜,会影响德国在巴尔干半岛推进的速度和安全。

3. 如果英国解体或落败,这对德、日、俄三国都有好处。英国被毁灭得越彻底,三个国家得到的好处就越多。一旦英国被灭,这些帝国从中获得的利益将数倍于单独出兵或联合出兵的开支。无论英国的解体是从俄罗斯占领印度开始,还是始于日本取得太平洋霸权后,或者从德国直接对联合王国发起进攻开始,只要这些行动早有预谋,结果都没什么不同。日本将获得太平洋的主导权,俄罗斯将获得在南亚大陆和印度洋的主导权,德国将获得西南欧、地中海和大西洋的优势地位。

这一联盟由自然的力量构建,由自然法指导。这些就是这一联盟形成的原因、演进的方式和动机、实现目标所能获得的回报和伟大。[127]三个大国的国际发展有着内在的统一目标,在撒克逊帝国针对其中一国做防御准备前,我们必须要考虑到这一点。

德国扩张的危险

我们在《无知之勇》中已经讨论过日本政治军事的发展、在东亚的扩张以及日本必须与撒克逊人争夺太平洋霸主地位的原因,还讨论过俄罗斯的南下扩张以及造成其企图占领波斯和印度的原因。我们到后面的章节再讨论德国的扩张,德国无情地挤出一条路来,夺取撒克逊人手中的重要领地。条顿人与英国扩张线路重合的角度比日俄形成的角度更小。对英国来说,德国扩张的目标比日本的目标更为重要,并且德国的推进速度远远超过俄罗斯向印度的扩张速度。如此一看,形势就非常明确,日本侵犯的是英国的偏远地区,远不如条顿人进攻的地区重要。[128]与德国相比,俄罗斯入侵的威胁从时间上来说也较远,正如俄罗斯进攻印度的速度比不上德国进攻联合王国的速度。

不幸的是,由于个人的理想高于国家民族的理想,撒克逊人无法了解种族团结和民族凝聚力的作用。因此,撒克逊人对德国扩张带来的威胁一无所知,对应该看到的情况也视而不见。

条顿人与撒克逊人扩张的重叠最终相碰后会爆发战争,但这并不是由于英国人所设想的那些临时性的原因。这些原因衍生出最令人伤心、最琐碎的政治冲突。德国想取代大英帝国与人们的激情、希望或恐惧没有关系。这是自然法则的最好例证。这一法则自人类社会出现后就一直主宰着国家的兴衰。

英国现在所犯的错误令人忧郁,它对其面临危险的基本性质一无所知——对命运的恐惧而非了解。

第十章　撒克逊人与德国人

政治环境的法则

[129]在本章中,我们将主要讲述德国与大英帝国走向开战的三个连续阶段。这一冲突对撒克逊人的意识来说显而易见,但国家和个人都同时以古老的方式加以否认,对所有的痛苦和悲伤都视而不见。

我们对于国家存在有许多错误的想法,主要原因之一是,我们以漠然的态度对待控制着国家建立、发展和解体的力量,个人要受自然法则支配以及个人努力所受到的限定或推动。人们都知道环境所决定的条件,但很少有人意识到,国家还要服从于一些他们并未求助的、类似的法令。同个人一样,环境决定着一个国家发展的方式方法。

[130]对于个人来说,其生存环境中还有比政治和平更重要的因素。但对于国家来说,政治环境是如此重要,它决定着一个国家是否有可能变得伟大以及伟大持续的时间。关于政治环境的法则,我们表述如下:

1. 一个国家沿着政治环境的诸多弧线向外扩张时,阻力最小的地方,扩张推动力会等于或大于其他弧线。

2. 当沿着国家政治环境的弧线撤退时,一个国家往往选择内部阻力最小的地方且外部压力等于或者大于其他弧线。

从古到今,我们见证着这一不变法则的实施,人们试图规避它的法令,却被一再证明不过是徒劳。

现在的强国都通过遵守这一法则变得强大。美国对加拿大的扩张从未成功过,因为加拿大是其政治环境中最强大的弧线。美国总是向阻力最小的方向推进,如分散的印第安部落、墨西哥人、夏威夷人和西班牙人。美国的扩张已经从西半球延伸到东半球。

俄罗斯的扩张[131]与美国类似,其选择的也是阻力最小的弧线。其政治统治已经向东和东南方向延伸。西边弧线的阻力超出俄罗斯的推进力,边界几乎静止不变。

另一方面,虽然英国的领地遍布全球,但是它们都在英吉利海峡的西边。离英国最近的土地却离英国的权力最远。这一形势不是英国政治家的命令,也不取决于英国人民的意志,而是取决于前面说的法则。也就是说,继续推进不仅不符合英国的意志,甚至与其相悖。

德国的扩张由实力所决定

受这一法则支配的还有德国本能性的扩张。德国人民只能决定扩张的方式和推进的程度。英国人有一个想法完全错误,他们认为德国的扩张是临时性计划,某个人想得到德国民众暂时的呼应。

决定国家扩张的是形势而非个人。决定扩张方式和推进程度的是个人而非形势。当适合扩张的形势出现在某个人的生命中时,[132]他有抓住这一时机的天赋,同时有地位在国家中发挥其洞察力。当这些条件成熟时,国家生命中的悲剧时代就会拉开帷幕:在一个国家的废墟中,另一个新的国家诞生。这种情况正如彼得大帝与沙俄,拿破仑与法兰西,俾斯麦与德意志。对于这种组合而言,这类人的天赋就是它的灵魂。

人类的灵魂通常都是短暂的。

但是在德国,情况却有些不同。

俾斯麦的精神从未离开,而是分散到日耳曼民族的血液当中。当其他国家必须等有天才出现的时势时,德国等的只是机会。

德国的扩张造成英国领地的解体,就此而言,大英帝国要应付的不是德国人民而是决定德国扩张的条件。正如俾斯麦所期待的一样,德国等待的只是塑造自己的条件。俾斯麦的理想深深地浸润着这个民族,他们在没有俾斯麦的天才时也能够完成这个使命。德国已经成了俾斯麦的德国,承载着他厚重的精神,略带阴郁。德国继承了他日尔曼式的真理标准、对于正义的冷漠堪称野蛮,对于国家的看法则甚为崇高。

这个国家在日耳曼民族的飞黄腾达中忘记了上帝。

[133]在德国发展的过程中,没人尝试区分德国与大英帝国的未来。英国挡住了德国很快要踏上的路。

进入征服的时代后,一个国家积累的财富也达到顶点,这与其强大军力的限度相一致。但是,如果停止向外扩张,这个国家的衰退也就开始。国家的存在与个人的生命一样,不会永久存续。

一个国家外部的弱点取决于其内部力量所达到的程度。

在一个民族最初的斗争中,其扩张的倾向性最为显著。斗争越残酷,这一特点表现得越明显。但是,当扩张以及支撑扩张的尚武精神停滞时,这个国家也就走到了政治存在的尽头。一方是德国,另一方是英国,两国占据着两极。英国人认为,大英帝国的扩张已到达顶点。德国还未进入预定的征服时代,如同撒克逊人过去那样。

德国实力的发展并不是从最近才开始的。德国的发展始于一个意大利人的哲学,通过腓特烈(Frederic)的努力来落实,凭靠俾斯麦的天赋获得新生。德国在此之前所做的一切都只是在做准备,但还没有完成。德国尚未寻求征服。[134]其进行的战争也只是为了民族的整合。从扩张的真正意义来说,德国还没有跨过自己的边界,军事实力已超过撒克逊诸国。政治上不统一,地理上相互隔离,德国就是一团乱麻。和其他种族一样,撒克逊人远离斗争和征服,现在寻求离开世界的战场,通过逃避和借口来守护从上千个城市掠夺来的财富。条顿人在生存斗争中崛起,以最高昂的尚武精神走上世界战场,人口、财富和发展潜力也都处于巅峰状态。一方面,我们看到一个困惑的民族像走迷宫一样到处乱撞。另一方面,作为一个军事强国,德国还没充分发挥其理论和才智,但它会锲而不舍地追求目标,不会分散其惊人的能量,也不会疲倦。这样一个国家的移动同命运的推进一样确信无疑。日耳曼人逼近的嘈杂声预示着许多国家的命运。

撒克逊人很难理解,德国的扩张并不限于欧洲大陆,而是取决于条顿人实力的限度。这是因为,海洋的自然阻隔、陆地的距离和恶劣天气,都已经不再是各国进行扩张的阻碍。普鲁士军队现在推进战略世界角落的时间[135]比100年前从柏林至巴黎的时间还要短。正是由于时空的压缩,只要各国仍在地理、政治和种族隔离方面的平衡保持不变,德国在摧毁大英帝国后控制世界的难度不会超过当年拿破仑对欧洲事务的指导。

大英帝国还没有意识到德国扩张推进所造成的实际情况。撒克逊人用人的性格来理解战争,想不到这一层。不过推动条顿人对外扩张的动力既不是仇恨也不是贪婪或傲慢。国家的仇恨不会比个人的仇恨更深。

种族的大迁徙受基本冲动所影响,正如条顿人现在所面对的,与个人感情毫无关系。一般来说,这种推动力源于必然性。

必然性就是一个种族的神明。

远古时代,这一神明就指引着各种族跋山涉水,用火把照路,最终到达其命定的土地。如今,俾斯麦和德国工厂也再次祈求这一神明。

撒克逊人与条顿人的未来关系

德国扩张必然导致与撒克逊人的冲突,这不是由于俾斯麦,也不是因为冒烟的烟囱,而是取决于撒克逊人和撒克逊人的行动。[136]德国在扩张的过程中只会与那些领土和宗主权阻碍其推进的国家发生冲突。对条顿人发展的阻碍越大,它们遭受打击的程度也就越大。假如撒克逊种族仍处于德国的扩张路线,就如同西班牙人和意大利人一样,战争的不可预测性也会相应地增加。即使在发展过程中消除了西班牙和意大利,德国的政治地理发展仍受到撒克逊人的包围。条顿人要扩张的任何地方都会触及撒克逊人的权利和主权。

德意志帝国的面积还比不上得克萨斯一个州的面积,但是撒克逊人却拥有全球一半的土地以及所有海洋上的荒岛。德意志帝国的财政收入高于美国,是生产力最强的国家,人口总数比联合王国多出50%。此外,其实际的军力是整个撒克逊种族的数倍。

德国完全处于撒克逊人的包围中,非撒克逊国家试探性地扩大领土或政治主权,都不可能危及撒克逊世界的完整性。德国进攻法国不可能不[137]涉及或涵盖大英帝国的衰落。向北进攻丹麦,向东进攻比利时和荷兰,向南进攻奥地利,德国的这些举动必然会使英国为了撒克逊人的政治生存进行最后一战。假若德国的主权延伸至这些非英国家,那就事先注定了大英帝国政治上的解体。如果条顿人的主权以类似的方式在西半球伸展,即使针对的是非撒克逊人,即使不会影响美国的领土完整,这也最终会导致美国势力在西半球的消亡。

德国现在所处的位置并不新鲜,其位置包含着内在的原因和责任。活动受限于实力较弱的国家,德国不是第一个,也不会是最后一个。这是一种古老的反常现象,在种族扩张过程中有着明确的地位。那些划时代的时期标志着衰败国家消亡、政治世界调整，这种现象在这些重大时刻之前就已存在。无论什么时代，无论地理上多么隔绝，因果的恒定性、重复发生的必然性都会让我们相对精确地判明这些事实。

不幸的是，各国在自己所处的时代总是习惯否认自然力量适用于自己的活动。他们认为，[138]人类以直线而非广阔的循环推进，他们已经达到过去一切对其都不能产生影响的某个节点，因为他们已开创出旧法则不再适用的新形势。这一假设只不过验证了他们自以为拥有的知识多么具有欺骗性。从古至今，人类都认为自己沿着相同的方向进步：人类不会再次踏上自己的足迹。然而，我们在现代却没有找到一个例子能证明，在政治实体的生成或灭亡的过程中，其基本原则与古代的政治实体有所不同。

人只是在应用那些支配其活动的法则方面比前人更聪明些。条顿人与撒克逊人的未来关系取决于以下五个条件：

1. 只要一国在延伸其主权时受到另一国家的包围和限制，同时拥有相等甚至更强大的实力，实施包围的国家将被摧毁。在军力相等或更强大的情况下，占据内线的国家要强大数倍，因为包围圈往往由几个政治单元组成。

2. 包围国的主要弱点是，领土广袤，只能采取防御。这种防御[139]并不相当于而是弱于最强大一方的防御。组成帝国的实体越多，隔离的程度越大，其弱点也就越突出。

3. 包围国的军力必须超过被包围国，以确保将战场限定在被包围国的领土上。

4. 被包围国必须要彻底屈服，进行彻底的镇压。另一方面，包围国的某一单独实体战败，可能会导致整个国家的垮台。

5. 在条顿人与撒克逊人的斗争中，谁的战备做得好，谁掌握主动权，胜利就属于谁。

德国的扩张可以分成两个明显的阶段：对非撒克逊国家进行

主权扩张或政治控制;对英国领地进行领土扩张或政治控制。迄今为止,我们只看到德国的扩张还仅限于条顿国家内部,这种整合催生出一个导致大英帝国解体的强国。如果英国以牺牲一半殖民地的代价阻止这种融合,相比要做出的其他牺牲,这无疑更能确保英国的稳定。[140]一旦被迫将欧洲的中心让给德意志统一,英国就失去其欧洲权力的大本营。

在欧洲大陆上,除了同化之外,德国还可以采取别的方式来达到最终分解英国的目的。

如果欧洲的某一国家强大到足以形成欧洲势力的平衡,不受包括大英帝国在内任一联盟的影响,不列颠世界的主权也就走到了尽头。

大英帝国能够存续多久主要依赖于欧洲的均势能保持多久。与争夺其最有价值的领地相比,英国必须花费更大的力气来保持欧洲的均势,因为领地的完整完全有赖于这一平衡。

为保持欧洲势力的平衡,英国必须限制欧洲任何国家的政治和领土扩张。

奥地利的合并、意大利的合并,对于英国来说都是沉重的打击。如果英国允许德国的民族融合,那无异于自掘坟墓。

假如现在分割欧洲的政治实体的数量并不比在拿破仑时代更多,假如拿破仑能够一直拥有19世纪初那样的权力,大英帝国早在《提尔西特和约》签订后就已经解体。

一旦德国完成欧洲条顿人的合并,[141]大英帝国对于欧洲的政治就再也没有置喙之地,再也无法建立联盟反对或帮助摧毁德国的政治军事体系。

荷兰、丹麦、奥地利对德国的价值

目前,德国的合并行动还遗漏了三个区域——丹麦、荷兰和奥地利。无论是从战略,还是从政治、经济的角度来说,三个国家对于德国的重要性远远超过其他附属国。不把这三个区域纳入德国版图,世界就认识不到德国的实力。

这三个地区对德意志帝国的未来至关重要,就如同普鲁士是条顿人融合的必要基础。它们对德意志的扩张也至关重要,德意志民族拥有这些地方是其固有的权利。因此,这三个地区现在可以被视为德意志帝国的一部分,变更的不过是外在主权而已。变化会在盎格鲁-撒克逊战争之前或同时发生。发生的情形就如斯勒茨威格-荷尔斯泰因(Schleswig-Holstein)成为德国的领土以及奥地利战争发生在普法战争之前一样。在与大英帝国的战争中,占领丹麦和荷兰对德国来说势在必得,正如占领朝鲜对日本来说必不可少一样。这些地区构成了德国的基地。如果通过提前的战备和动员,英国能够占领[142]荷兰的东部边界和丹麦的南部边界,大英帝国的伟大将通过这两个没有争议的战场延续下去。

丹麦被德国慢慢蚕食,不是由于德国的贪婪,而是由自然力量所决定。只有自然力量应用的强度会受到条顿种族贪婪本性的影响。为控制这一同化,我们可以创立以下条件:

如果一个小国的部分领土地理上靠近周边大国,在出现以下几种情况时,大国在对外扩张的过程中势必吞并这一小国:

1. 小国的地理位置具有战略意义,对大国的后续战争至关重要。

2. 小国的地理位置重要,其独立会影响大国的经济发展。

3. 小国的政治位置使得大国为进行政治扩张势必将其吞并。

4. 两国的民众同属一个种族且联系密切。

丹麦是欧洲最重要的战略地区之一,对德国在欧洲北部的扩张至关重要,正如直布罗陀之于大英帝国对于地中海的控制。[143]在扩张的过程中,德国不仅要考虑到现在的情况,还必须考虑未来的情形。在一定的时间内导致某些条件产生的,与其说是德国自身财富的增长,还不如说是处于其统治之下的战略地区的财富和力量。这些条件维系着日耳曼民族的未来、盎格鲁-撒克逊王国的解体以及俄罗斯人的缩减。

正是由于德国发展的这种二元性,德国对战略地区的占领不仅能提高其本身的实力,同时也为其未来的扩张奠定永久的基础。从这个方面来说,比起同一战略地区的其他国家,丹麦对德国军事实力的发展尤为紧要(见图三)。

丹麦就是德国的延续。可以这样说,丹麦就是条顿人的大拇指,德国凭借丹麦可以攻克海陆的强国,给世界留下这个手印,永远标示自己的身份。

荷兰对于德国的价值取决于前文提到的规则,而不是德国可以利用其港口进攻不列颠群岛。荷兰与英国的邻近并不构成荷兰对于德国的真正价值,荷兰的价值是双重的:

1. 荷兰对于德国西部的经济发展和条顿民族的融合意义重大。

[144]2. 对于德国来说,荷兰的价值不在欧洲之内,而在欧洲之外。

占领荷兰后,德意志帝国会自然而然地扩大,不仅是在西半球而且横跨太平洋。德国得到荷兰就相当于得到三倍于已的陆地以及相当于整个法国的人口。德国成为一个东方帝国,地处东亚与欧洲的贸易要道,将澳大利亚远远隔离在南太平洋。

我在《无知之勇》中曾经详细讲述过决定海上扩张的特定法则,这些法则也同样适用于德国:

1. 随着海军实力的增长,海军基地的数量也必须相应增加。

2. 如果海军基地的数量和能力达不到战时舰队的需求,海军的作战效率也会随之降低。

3. 如果海军基地的数量过少或者分布得不够广阔,海军的活动必然限于一个有限的无关紧要的战场,甚至会完全无所事事。

4. 如果敌方两三个或更多的基地构成战略三角区,[145]防御敌方阵地,海军的作战效率会随之相应减弱。

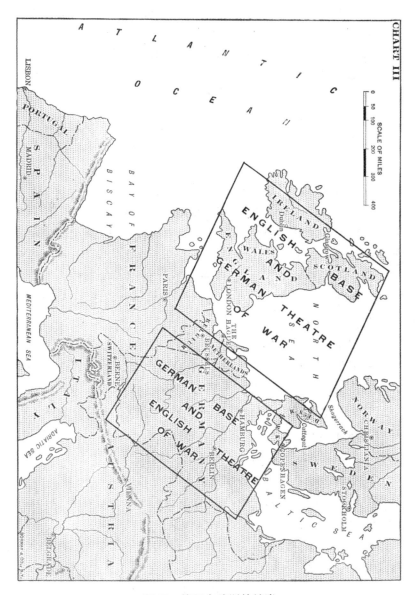

图三　德国在欧洲的扩张

从以上法则中,我们可以发现一个明显的事实,德国将海军发展到与英国平起平坐的水准,其目的在于欧洲之外的领土扩张。否则的话,其作战范围仅限于北部海域即可。海军对于世界以及世界贸易的影响不会超出其作战半径。

德国要创建现代海军必须符合三个条件中的一个:

1. 吞并荷兰,将荷兰的殖民地作为海军基地。

2. 摧毁英国海军的霸主地位,将英国的海外领地作为海军基地。

3. 吞并荷兰及其殖民地,同时摧毁英国海军,占领其领地。

荷兰对于德国的基本价值就在于其海外殖民地。正如荷属东印度公司能够帮助德国在东方建立势力范围一样,荷兰在南美北部海岸的属地以及荷兰在加勒比海南部的岛屿[146]也可以变不可能为可能,德国海军可以自由出入这些区域。接手荷兰在西半球的殖民地后,德国下一步就是抢占撒克逊种族在南美的领地,如果不是完全摧毁的话。

门罗主义政策颁布后,美国禁止欧洲国家在北美获取土地,但却无法干预荷兰在北美的主权,尽管荷兰已成为德意志帝国的组成部分。这是条顿人在西半球主权的开端。

对于德意志帝国来说,荷兰的价值在海外而不是其本土。无独有偶,同样的情况也发生在奥地利身上。奥地利对于德国的价值不在于其 2000 万人口,也不在于其土地。

奥地利的价值在于小亚细亚。

奥地利属于地中海。奥地利的条顿人清楚自己的使命,相信自己的力量早已跨过博斯普鲁斯海峡进入小亚细亚。

德国占领丹麦后获得一片海域,占领奥地利后又获得另一片海域。奥地利被吞并后,地中海及其沿海通道都会落入柏林之手。

摧毁奥地利主权是德国成就霸业的手段,这句话包含着一种残酷的崇高——将诸多帝国作为垫脚石踩在脚下。

卷　二

所有的城邦都处于混战当中,所谓和平只不过是一个名词。在现实中,自然让所有群体相互进行着一场不宣而战、永无休止的战争。①

——柏拉图

---

① ［校注］这段话出自柏拉图的《法义》626a。

第一章　大英帝国与世界

大英帝国遵循着与他国相同的法则

[149]在《无知之勇》一书中,我们曾讨论过撒克逊人在全球平衡中起到的作用,发现它并不像人们通常认为的那样是一个如当今世界般久远的帝国,而是具有与其他国家一样的弱点。

大英帝国的不稳定并不是由于建国的方式,而是由于在建国后随即否定那些恒久不变的因素。这些因素不仅决定着国家的建立,还决定着国家的发展和持续。撒克逊民族以及那些指引其前进方向的人开始频繁地追求影响力的庞大以维持实质性的久远。这个帝国凭借撒克逊民族古老的勇气和天分把疆域伸展至世界的各个角落,现已到达巅峰。[150]英国的势力范围已经抵达前所未有的疆域,其存续的时间并不在于幅员辽阔,而在于各个领地的实力。哪怕英国的威胁如乌云般笼罩,世界上的国家还是越来越多。当最后的堡垒被跨越后,撒克逊王国的势力就像一个倒立的金字塔一样,只需要冈比西斯伸出一根手指就可以推倒。到那时,就像矗立在废墟当中的埃及一样,英国会成为另一座人类虚荣和轻信的纪念碑。

回顾过往,我们发现旧世界的广袤已不复存在。海洋如河流般易渡,王国如同城市的郊野。地球上已经不再有荒僻之处,人类挣扎求生的空间还不如一个王国广阔。有些弱小的民族开始变得强大,他们的欲望也开始增长。但欲望的增长与人口的增长并不成比例,而是超过一千倍,这远远超出其自身文明和科学活动的需要。

科学已经成为当今世界的清道夫。过去需要整整一代人完成的工作,现在仅仅只要一天。如今可用的自然资源,撒克逊人声称占有十分之七。正是由于这些因素,[151]各种族纷纷开始抢夺撒克逊领地的自然资源。采取掠夺行为的种族并非遍及全球,而是聚集在一处,相互间能听到轻声细语。人与人相互之间的秘密,就像孤独一样,已经远离人类而去。

无法免于遭受攻击

大英帝国在过去未遭受战争攻击并免于毁灭不是因为其本身足够强大,而是其他国家还不够强大。随着机械革命的降临,英国的这种安全已经荡然无存。科学技术使得到达英国最边远的地区就像去欧洲的乡村一样方便,同时也增加了欧洲各国向外扩张的必然性。与这些因素同时出现的是,撒克逊安全的基本要素不再是欧洲国家的多样性,而是如今合并形成的几个大国。在亚洲,英国多年来的征服没有遇到过对手,但死者已经苏醒,新崛起的帝国会让英国感到气馁,甚至会摧毁英国在亚洲残余的势力。

将通过终生奋斗获得的家业留给后人要比守成更难,对国家也是如此。个人挥霍无度,不考虑身后事,也比不上国家在这方面的随意散漫。与其他国家相比,大帝国更加随意,它们的权力似乎无穷无尽。

对于一位继承人来说,保险箱能放下的遗产真是再少不过了。

撒克逊人沿着最初的扩张线路节节败退

我们早已讨论过国际交往的法则、[152]双方的共同利益以及随之而来的战争造成一方的兴盛和另一方的衰落(见《无知之勇》第一卷第四章)。通过以上现象,我们发现,如果几个国家争夺霸权的区域缩小,这必然导致战争日益临近,频率增加,就像扩张路线汇合的角度日益尖锐时一样。这对于英国来说有三重意义。从军事意义上讲,世界并不比 100 年前的西欧面积更大。每一部分都处于某个大国的军事活动范围内。如今的世界变成一个大战区,交战双方在这个大战区内相隔甚远。撒克逊帝国号称统治着所有的海洋和半数以上的土地。因此,未来大部分战争都将发生在英国的领地上,因为这些地方都是非撒克逊国家竞相争夺的目标。形势瞬息万变,这可能会改变这些国家汇合的态势,加快或延缓这些国家推进的速度。但是,有一个因素不会变化,而且还会让这些国家更快地摧毁大英帝国所占领的领地——这个因素就是英国军事实力逐渐衰退。无论哪个种族的军事实力出现衰退,正如英国正在经历的一样,这个国家的扩张不仅会停止,其势力范围还会沿其来路退至原处。然后,周边国家[153]汇合角度会变得更为尖锐,衰退帝国的防御能力越弱,周边国家扩张的速度就会越快。

让一个国家陷入悲惨命运的,从来都不是前进,而是后退。

如今的英国在领地面积上达到前所未有的高度,在全世界拥有的财富和权力也达到拿破仑战争以来的巅峰。国家的财富和权力都只是相对的,毕竟那时没有现代的德国、法国,也没有沙俄和日本。英国霸权地位的建立,依靠的与其说是自身的力量,还不如说是对手的弱小。因此,英国称霸的开始也就是其军事衰退的开始。

在英国取得的一场场胜利中,一些铸就帝国的辉煌,一些造成帝国的没落,还有一些则埋下了最终衰落的种子。

拿破仑战争结束后,由于当时欧洲的基本经济需求再加上英国的领地远离欧洲,这使得欧洲和英国在一段时期内可以平行发展。英国和英国领地之间隔着海洋,而制海权则牢牢地掌握在英国手中。到 19 世纪中叶,欧洲的政治理想发生变化,同时机械革命时代来临。[154]在此后的 10 年间,英国的安全受到了威胁。

蒸汽发动机和欧洲的种族整合是英国霸权遇到的第一批敌人。

不要武断决定军事扩张

军事扩张并不是由反复无常的立法所决定,而是由法律不能约束的某些条件来决定。只有对这些威胁国家安全的条件加以制约,一个国家才能自主决定军事扩张的程度。行使这一主权的前提是,英国对那些可能会威胁其霸主地位的国家和条件拥有统治权。滑铁卢战役本不该让英国停止军事扩张,而是促进英国保持军事增长。原有的领地纷纷脱离统治,英国变得脆弱起来,更不用说欧洲种族融合所带来的危机。所有这些情况都要求英国维持军事实力的增长。

滑铁卢战役本应是一个激励,却变成了一个回忆。

但是,每一次对滑铁卢战役的沉思都让人不寒而栗。

在《无知之勇》中,我们曾经详细阐述那些足以让英国解体的情况,从西半球至亚洲、欧洲以及海上等各方面。[155]我们从中可以发现,英国的毁灭并不是由于对非撒克逊国家的征战,而是必然性迫使他们向获利最大、抵抗最小的方向扩张。如今的英国军事实力下降,人口锐减,政治权力瓦解,不得不从部分领地撤出。撤出的路线与当年扩张的路线恰好吻合,这真是奇特的宿命!

在当今世界,无论哪个国家试图对外扩张都不可能不侵犯到大英帝国的领土完整。从某种程度来说,英国的分崩离析与这些国家的扩张同时发生。到目前为止,这些国家的活动仅限于两个准备阶段,每逢大战必定出现的两个阶段:内部整合阶段;外部领土空间的限制性扩大。没有一个大国会控制自己不去侵犯另一个衰落国家的利益,除非其早有预谋准备最终夺取这个国家的主权。

这句话真可以成为一条历史准则。如果一个没落的国家已经被强行限制权力或完全丧失主权，又正好处于某一强国对外扩张的线路之上，如果没有足够的能力自保，与其毗邻的国家也难逃同样的命运。

日本在太平洋的特定势力范围

[156]在日本成长和胜利的过程中，这一原则的基本特征按照自然次序不断演进。太平洋是日本的利益所在，也是其扩大势力的区域。这不是野心，而是一种必然性。这由日本的岛国特点所决定，也由以下几条特定自然法则所决定：

1. 决定一个岛国安全的并不是该国海岸线的防御，而是该国对所处海洋周边海岸线的控制。

2. 一个岛国海上力量的强弱并不在于战舰的多少，而在于能否阻止有海洋优势的国家登陆其所处海洋周边的海岸线。

3. 假设一个大陆国家与一个岛国相邻，而这个大陆国家的海上力量也与岛国相当，最终的胜利者将会是大陆国家。

日本对以上原则都有很直观的认知，因此才有日俄战争的发生。日俄开战不是为获得土地资源，[157]而是为了通过将俄罗斯排挤出太平洋以维持其在北亚的海上优势。

日本的持续发展以及在海上的不断扩张致使日本开始与撒克逊民族发生冲突。这场冲突的胜败决定着日本的未来，而日本的崛起意味着，英国即将失去在太平洋地区的权力和领地。

俄罗斯在中亚的推进

无论是在中东、印度，还是这些地区毗邻的海洋，我们都可以发现针对不列颠民族的同一根本原则。由于英国军事实力的衰落，太平洋已经成为日本的扩张区域，中东的大部分地区则成为俄罗斯的扩张区域。俄罗斯并没有发兵印度迫使英国撤离，而是沿着英国势力逐渐回撤的线路缓慢地推进。随着中亚地区的发展，铁路横贯这一地区，这使中亚成为大俄罗斯的"周边"，俄罗斯的统治向波斯延伸，这些都具有内部发展和整合的和平特征。我们在后文将提到，这也是在现代条件下为征服某一特定地区进行的最彻底、最广泛的准备。

任何进一步的领土扩张[158]都得在英国解体后，这已经是老生常谈。不过，和亚太比起来，这种情形在欧洲更加明显。一些较小的欧洲国家合并后，英国在欧洲的政治统治已告终结。一旦英国违背对丹麦的保卫职责，军事上无法维持丹麦的领土完整，我们在欧洲各国的议会中就再也看不到英国的影响力。

英国撤至海洋的边远地带，这并非像外界推测的那样出于自己的意愿。英国是不得不转移至这些地区，同时还抱有万分之一的希望，那就是这些地区能够成为其领地与欧洲之间的缓冲地带，因为欧洲的事务英国已经插不上手。但这不是推进，而是后退，充满苦涩的后退。对国家发展不依赖于海洋控制的大陆国家，海洋国家从未而且也没有能力影响其内部的政治军事发展。英国的海上力量既没能延迟也没能阻止欧洲的统一和发展，终将有一天会走上灭亡的道路。英国军队本来可以在欧洲大陆上阻止或分化欧洲的统一。直到近些年，英国才从频频失利中感受到未能不断发展军力所造成的危机。

[159]对于国家来说，这样的盲目无知不是缘于缺乏见识或知识，而是由于傲慢与轻信引起的头脑过热。

国际政治经济关系发生变化时，政治、领土边界会同时进行重新调整。但在欧洲内部发展和种族融合过程中，边境线的调整却被推迟。这一调整现在完全取决于欧洲最强大国家对武力最大程度的使用。一旦对古老边境线的破坏导致政权的整合，这些变化的标志就不仅仅是暴力，而是让这个烦躁不安的世界不时进入拿破仑时期的战争状态。

保卫比利时、荷兰和丹麦边境的必要性

在条顿人的发展过程及其对世界事务的无情介入中,我们可以看到单个国家或者关系紧密的国家联盟在政治、军事方面的过度发展。德国过去初步的设想是,不只控制欧洲国家,还要统治世界最偏远的角落,现在则把目标瞄准撒克逊主权的实施。

在现代种族主权的扩展过程中,我们要关注的并不是那些原本就打算融入的小国,而是那些关系[160]到小国领土完整与独立的强国。一旦这个强国被打败,这些小国自然而然也就成为胜者的俘虏,就如同日本对朝鲜的吸纳一样。

因此,为了吸纳比利时、荷兰和丹麦,德国必须要摧毁英国。

与其他国家相比,只有大英帝国被卷入到德国的每次扩张行动中。撒克逊民族及其领地遍及各大洲,因此也成为其他国家利益汇合的集点。但德国对外扩张的方向却是单一而特定的,因为德国的目标并不是英国的边境线,而是其中心区域。条顿人的推进不同寻常,撒克逊人自欺欺人,对即将爆发的危机和灾难视而不见。除了自欺,撒克逊人还有着军力衰落民族所特有的渴望。

在普鲁士夺得石勒苏益格-荷尔斯泰因地区后,英国在欧洲独领风骚任意决定别国命运的时代正式宣告结束。英国军力的衰弱还导致欧洲各国议会开始排斥英国。一个新的时代开始初露端倪,这比以前更有预兆性。丹麦领地被吞并一事,暴露出英国军事政策的弱点和错误。因此,无论德国的下一个扩张目标[161]是丹麦还是荷兰或者比利时,结果都没什么不同,那就是英国势力最终将被逐出欧洲。

早在半个世纪以前,英国就应该意识到,丹麦南部的防线就如同自己的防线,而丹麦南部失守的结果势必造成灾难性的后果。如今英国只能自吞苦果,担负起比以前更大的防御任务,不仅要保卫丹麦现在的边境,还要保卫荷兰和比利时的东部边境。如果在

不得不完成这些防御任务的同时，英国再和50年前一样遭遇国家财政亏空和军事失利，最终的惩罚将不仅仅是被逐出欧洲，而是整个英国的倾覆。

在《无知之勇》中，我们仅仅讨论了全世界范围内威胁撒克逊王国生存的主要危险。在这一探讨中，我们没有涉及任何可能妨碍英国存续的暂时性条件和困难。我们考虑的是，任何时代国家的存亡都会遇到的基本原则及其主要影响。我们只是从整体上讨论了英国的未来，其与政治存在的自然命运的关系，记录其兴衰的悲剧现象。在人类发展的历史上，[162]国家的更迭如潮起潮落，同其他帝国一样，英国的命运是注定的。

同以往的其他帝国一样，英国违背了其固有的特性。虽然每一代人都有所不同，但这些特性促使人们错误地相信，唯独自己的发展才是明智的，只有自己的政府才会流芳百世。这些奇特的观点只在一些短暂的理想状态出现过，我们在此不予讨论，只思考在任何时代任何种族中都始终发挥作用的那些原则。

上帝从来没违背过这些法则，但是他的子民却背道而驰，与那些对上帝及其法令一无所知的人走上了同一条路。

英国如今正在终结的边缘徘徊，这也许只是一瞬间的事。终结是立即实现还是暂时推迟，这在于大英帝国接受或继续否认导致国家发展或解体的原则。

现在，我们不再讨论英国如今面临的各种危机，而是开始考虑频频引起这些危机的原因。与在《无知之勇》中一样，我们将仅仅探讨那些对英国安全产生普遍影响的条件。我们将不涉及政党政治，不涉及其可悲的雄心和殊死的呐喊，用不偏不倚的目光来剖析引起撒克逊衰落的各种起因。[163]尽管如此，当见证这一广袤帝国的最后时刻时，我们还是难免会感到悲伤。

第二章　海战的局限性

国家的理想

[164]国家的理想分为两种:现在的和过去的。从某种意义上说,国家理想的特点及其对国家的影响程度决定着国家发展的方向。

一旦国家的理想完全背离过去,只着眼于现在,就如同现在某些国家那样完全为政党政治或者政治权术服务,这样的理想就会像催生理想的条件一样短暂。这些理想对国家政策的控制程度越高,这个国家就会衰落得越快。

如果一个国家的理想只是历史意义上的无用产物,这样的理想只会让政府的发展僵化,继而引起国家的衰退和腐败。

如果一个国家的理想起源于巅峰时的历史事件,[165]并构成指导当前理想的原则,这会将这个国家的过去和现在更紧密地联系在一起。只要这种情况持续下去,国家理想就不再是暂时的或萎缩的,但仍能维持国家巅峰时期的权力,并与国家共存。

国家理想所依赖的条件不复存在,但人们仍幻想着这些条件恒久不变。这些理想就变成国家解体切实的而非可能的原因。

从这些最后的理想对撒克逊民族的影响来看,我们现在要思考的是:对英国海军古老理念的错误解读、这一理念在现有条件下的不切实际以及其职能的局限性。

支配敌对国陆军海军发展的原则

海上力量并不是一个政治实体。它无法独立生存,也不是绝对不受限制,而是要服从于种种基本条件。这些条件时刻决定着处于海洋环境的国家的崛起、生存以及衰落。

海上力量就是当国家利益需要时在特定战区使用武力,发挥出不同程度的潜力。海战与陆地战争的不同之处仅限于实施战争的手段不同而已。不管是陆战还是海战,支配帝国扩张或防御的原则却不会变化。舰队和陆军一样只不过是国家[166]从和平时期进入到战争状态的工具而已。战役目的、战场特点和要实现的目标决定着投入骑兵、步兵和炮兵的多少。同样,战争的总体情况以及战斗的最终目标决定了在交战双方主要作战部队(陆军或海军)的相对地位。一般情况下,起决定作用的是以下三项原则:

1. 如果交战双方均为岛国,极为重要的作战部队是海军。

2. 如果交战双方均为大陆国家,极为重要的作战部队是陆军。

3. 如果交战双方一为岛国,一为大陆国家,双方作战部队的组成是海军占优,陆军实力相当。

前两条原则不需要解释,我们发现英国军事实力的发展符合第三条原则中的情况。我们将在本章及接下来的章节中讲述,英国在与一大陆强国作战的过程中,由于陆军的失利导致海军完全无法发挥作用。在这样一场冲突中,岛国的海上力量决定着大陆国家参战需要投入海军占优或相当的程度。大陆国家陆军的强弱[167]以及从中心地区至沿海的防御工事同样决定着岛国在这场战争中需要投入的军力。

岛国的海军决定着其大陆对手的扩张,而大陆国家的陆军则决定着其岛国对手的军事扩张。

海战和陆战

陆战和海战存在着内在的差异,人类进步也无法改变这些差异。战争的起因和目的以及交战方各自的优缺点确定了战场的位置。但是,这些战场的特点决定着实施战争的方式和特性。如果一个岛国与一个大陆国家发生冲突,海洋将会成为双方首次交战的地点。一旦岛国在海战中失利,战争就已结束。一个岛国要在陆地上防御一个已经取得海上优势的大陆国家,无论在政治、军事还是经济上来说,这无异于痴人说梦。

如果大陆国家的海军被摧毁,其后果不过是战场从海上转移至陆地,作战部队由海军变成陆军。因为对于一个有陆地边界线的大陆国家来说,岛国对海洋的控制对其在经济上完全没有影响。只有在陆军彻底被击溃后,大陆国家才有可能因为内部经济或者政治实力受到影响而求和。这一原则在日俄战争中体现得淋漓尽致。[168]俄罗斯是一个大陆国家,日本则是一个岛国。倘若俄罗斯击败日本的海上力量,战争在发生这种灾难时就会结束。

在现代,要摧毁一个岛国并不需要入侵其本土。

岛国日本取得海战的胜利,但是结果只是战场从海洋转移到陆地,使其总体实力勉强与俄罗斯相当并保障本国交通线的安全。倘若海军规模是现在的 100 倍,陆军在数量或者构成上劣于俄罗斯,日本在海上的可怕戏剧将标志其伟大的终点而非起点。

日本海军及其在这场战争中的作用表明,一个岛国对抗大陆国家时海战真实和有限的作用。海军的作用是防御性的:一是防止大陆国家夺得海上控制权;二是在取得海战胜利、战区从海洋转至陆地时,保卫岛国与大陆之间交通线的安全。

我们不可能精确预测未来冲突的实施方式,也不可能将以往战争的经验运用于未来战争。仅凭以上原则来确定海战和陆地作战各自的重要性,这也行不通。[169]因为任何时候发生的两场战争,其作战方法和作战器械都完全不同。但是,无论是在岛国对抗大陆国家的军事准备,还是在大陆国家对抗岛国的海战准备中,支配性原则任何时候都相同,无论战船是木制三层桨战舰,还是雷鸣般的无畏级战舰,无论士兵是手持枪矛的人还是使用毁灭性武器的工程师。

违背上述原则有时缘于平民的无知,他们要对海军的发展或衰落负主要责任;有时缘于海军或军事部门的错误解读。不能正确理解这些原则会导致异常情况,海洋扩张会受到偏离这些原则的条件支配。

胜利和失败导致的战争灾难

随着一个国家海洋利益的增长,海上扩张的需求也相应地随之增长。但是,许多岛国往往在这一点上犯错。他们都从防御的角度看待海上扩张的必然性,但是他们应该警惕的威胁却并不源于或属于海洋。威胁在于另一国家的政治领地,他们的利益与岛国的利益相重叠。

[170]一个岛国即使打了一场成功的防御战,这也只会造成这个国家的状况比战前更糟。但大陆国家的权力却与战前相差无几,国家间汇合的角度也没有改变。不过大陆国家的推进速度会放缓,这得看其海军的损失程度。除非处于日本这样的地理位置,岛国可以利用海洋来维护自身安全并且可以将战区转移到对手的领土,否则海战的胜利毫无价值。在现代战争中,这样做的结果无非就是双方签订休战协议。对于岛国来说,这样的协议只不过是一种可怕的延迟,迟早会导致他们的灭亡。

这种错误观念,加上没有意识到战争的唯一目标就是摧毁敌人的作战能力,致使一些岛国只注重发展海军而忽视陆军。但是,在岛国与大陆国家的交战当中,海军能起到的作用只不过是保卫海岸线的交通安全。只有通过陆军才能取得胜利。

这一致命错误的必然结果就是,人们误认为,岛国的安全要通过维护海洋安全的实力来保障。实际上,他们的安全取决于大陆国家在非海洋领域的扩张。

战争的目的[171]就是,摧毁敌人的资源或者消灭控制着资源的政府。正是这种简单的粗暴让许多国家感到不知所措,陷入逃避或者猜测的迷宫当中,军事衰落从此开始,永无出路。

战役的类型和法则

胜利和失败都会导致战争的灾难。战役可以分为以下三种:

1. 能够明确推进并确保交通线安全的战役,如维克斯堡(Vicksburg)战役①和莱比锡(Leipsic)战役②。

2. 军队的失败导致资源被摧毁或政府被占领的战役,如瓦格拉姆(Wagram)战役③和耶拿(Jena)战役④。

3. 摧毁敌方资源或占领敌方政府的战役,如阿贝拉战役⑤和色当(Sedan)战役⑥。

第一种战役一般发生在战争初期,第二种发生在战争中期,最后一种是战争的高潮。

交　通　线

但海战例外,属于战术冲突中的第一阶段,其唯一目的就是破坏或保护交通线。海战的胜利只会影响交通线的安全,作战的意

①　[译注]1862 年 11 月至 1863 年 7 月,维克斯堡战役是美国南北战争的转折点。

②　[译注]1813 年 10 月,莱比锡战役是拿破仑战争中最激烈的战役。

③　[译注]1809 年 7 月,第五次反法同盟的最后一战。

④　[译注]1806 年 10 月,第四次反法同盟的著名战役。

⑤　[译注]公元前 331 前 10 月,亚历山大大帝击败波斯军队的著名战役。

⑥　[译注]1870 年 9 月,普法战争著名战役。

义是否重大还取决于交通线的重要性。交通线的重要性可依次分为以下三个等级：

1. 当战争发生在两个岛国间时，海战最重要，哪个国家获得海上控制权就可以彻底破坏对方交通线，最终赢得胜利。

[172]2. 当战争发生在同一地区的两个大陆国家之间时，海战的重要性次之，因为最重要的战区不会在海洋，而双方的交通线也都处于陆地之上。

3. 当战争发生在岛国与大陆国家之间时，海战的胜利仅对岛国一方具有重大意义。假如德国与大英帝国发生战争，一旦舰队被摧毁，英国所有的交通线都会被德国破坏，接踵而来的就是毁灭。如果德国舰队被摧毁，对于德国来说，这也不过是回到战前的状态。除非英国能够拥有日本一样的陆军，在敌方的陆地上继续战斗。

第三章 海战的局限性(续)

撒克逊霸权的决定条件已经改变

[173]当形成某些特定条件的原因在数量上减少或者在潜力上降低后,所产生的条件也就失去相应的意义。假如创建大英帝国的因素继续存在,海军仍处于优势地位,撒克逊人对世界的统治仍将会无可争议。但是,曾经让撒克逊人称霸世界的五个条件,有些已不复存在,有些已悄悄发生转变。

1. 从 16 世纪到 19 世纪中叶,不论是在海上还是新发现的世界,欧洲没有国家能与英国相匹敌。当时还没有出现俄罗斯帝国、德意志帝国、奥地利帝国或意大利帝国。[174]葡萄牙人、西班牙人、荷兰人和法国人的衰落让撒克逊人唯我独尊。在这些国家残骸上,在原始世界创造的某个时刻,英国应运而生。

2. 在英国的形成时期,欧洲之外的地区在两个方面有利于英国的延伸:(a)西半球民族的部落特性及其丰富的自然资源;(b)亚洲各大国在政治和军事上的软弱无力。

3. 西半球的地理位置,海洋中的群岛、黎凡特(Levant)地区①

---

① [译注]历史上不精确的一个地理名称,包括中东托罗斯山脉以南、地中海东岸、阿拉伯沙漠以北和美索不达米亚以西的一大片地区,即如今的叙利亚、黎巴嫩、约旦、以色列和巴勒斯坦。

和东方与欧洲的相互往来都只能通过海洋。

4. 不列颠群岛处于欧洲的出海口，战略位置十分重要。欧洲各国哪怕能够出海，结果也没什么不一样，因为不列颠群岛处于欧洲海洋航线最关键的位置，在欧洲各国利益集中之处。英国就好比一座位于航道中心地带的岛屿要塞，全方位对港口入口进行防御。英国就是摆在欧洲面前的一座要塞。

5. 英国海上力量能够延伸到何处，这取决于那些没有海上力量的地区。英国海上力量在大西洋的作战半径，[175]其终点是西半球人烟稀少的地区和非洲南海岸的不毛之地。在印度洋的作战半径则包括整个印度及印度洋无人居住的荒岛。在太平洋的作战半径则可到达东亚的衰落文明以及太平洋荒岛。对英国海上力量产生影响的可能也只有欧洲了。

所有这五个条件已全部改变。如今，在大西洋的西部原本无人的海域上，一艘艘战舰在游弋，其在军事、政治上都不服从于英国霸权。在大西洋东部，在英国基地周边海域，其他国家的海军也正逐渐与英国海军实力相当，改变着那些使英国获得海上霸权的条件。欧洲对英国海上力量活动半径的威胁近在咫尺，地中海国家的海上扩张原来并不存在，现在却成为连接帝国中心与太平洋目的地的主干线。在那片广阔的海洋，同在大西洋的情况一样，英国海军基地周边的荒凉现已不复存在。太平洋东部和大西洋西部已经是美洲国家的天下，而统治太平洋西部的是亚洲国家的海军。

英国海军的欠缺

[176]英国的海上优势主要依赖于对两个地区的控制：一是欧洲西部海岸，也就是靠近不列颠群岛的地区；另一个则是地中海地区。只要控制这两个海战区域，其他外部海域就会仍在英国的掌控之下。

英国早期海上霸权的效力，并不完全源于其出色的作战能力，而是源自于政治上的专制主义以及英国不受其他国家的控制和约束。古老的形势一去不复返，随着东西半球大国的崛起，英国对海洋控制的绝对性已经消失。国际干预限制了岛国的海洋特性，改变了曾经成就英国海上力量的原则。

欧洲、地中海、大西洋西部、大西洋东部和太平洋，这些地区海军的发展造成了这一有预兆的态势。欧洲各国的海军扩张近乎可以和英国抗衡时，英国的海外基地及其交通线就会被其他国家海军占领，舰队主力只能撤回防御英国本土，这会削弱那些遥远国家在各自海域的海军优势。

[177]英国海军的欠缺并不单单是因为其缺乏相应的军力，还因为其通过欧洲两强原则决定扩张的武断性。决定着英国发展的必须只能是威胁到帝国整体（无论外围的边线和基地，还是内部本土）的危险。

由于战区远离英国本土接近敌方的大本营，英国海军无论在数量上占多大优势，其作战能力都会大打折扣。由于这一原则，因此，外国在遥远海域的扩张会不断推进。尚且不论欧洲各国海军的发展如何，当一个国家的海军抵达大英帝国的外线和基地，英国内线的不安全会相应地增加。当海军衰落到无法保护其外线和基地，同时无法防御其内线，英国的末日也就降临。现代国际关系是如此复杂，以至于需要一个国家同时防守两条或多条边线。这种必然性对大英帝国来说更是如此，因为所有国家扩张连线汇合的地方都指向英国的那些领地和利益。

距离的缩短加快国际利益汇合的速度

在任何两个不同的时期，同一处海域的情况绝不会保持不变。[178]随着人类才智的进步，海洋变得越来越小。古代，海洋浩瀚无垠，只有神才能穿越海洋。如今，人偷偷学会了神明才拥有的本领。人洗劫了奥林匹斯山，呼啸于大洋，其声音穿越海洋深处，在天空飘荡。但是，人没有意识到这一偷窃行为的限度。

当海洋缩小时,控制海洋的手段必须增加。

由于和政治领地及军事实力相分离,控制海洋的重要性被削弱是因为人类从未经历过这些形势。机械发明的进步缩短了人类到达世界各地的距离,也改变或者说摧毁了古老的军事限制,相关的法则和公理现在变得毫无意义。

距离的缩短加速了国际利益的重叠。地理或政治空间的压缩就是将一些小国家合并在一起。合并的方法就是战争,统一战争。人类就像金属一样,被火与风浇铸在一起。

当交通手段的数量、运力和速度大幅提升时,整个世界就会相应地缩小。这种不断加剧的收缩使政治扩张的程度进一步加深,从而也使各国发动战争的军力得到相应地发展。科学取消了距离的限制,而就科学与战争的关系而言,[179]表现最为显著的地区是在海洋,科学的影响也更具决定性。

海洋空间的缩小相应地削弱了岛国对海洋的控制力。

在机械革命之前,海洋的统治权掌握在岛国的手中,因为其国家发展主要依赖于海洋扩张。决定大陆国家扩张的条件恰恰相反,其帝国扩张几乎都限制在陆地上。海洋只是到达大陆另一端的手段。从整体上来看,海洋不过是一片沙漠,通往世界各地的高速公路从它穿行而过。到目前为止,大陆国家还无须穿越这片沙漠,因为他们自身的资源不仅超出需求,其生产与穿越未知海洋相比花费的时间、精力更少,风险更小。

此外,岛国被迫向海洋发展不仅是因为自然资源的匮乏,还因为人类首要的向外活动牵涉到了海洋。岛国统治的必然性同时随着岛国扩张的必然性而增加。

科学现在不仅将跨越海洋的时间从数月减至数日,导致各国投入对海上高速公路的竞争,而且还增加了所有民族的饥饿感。大陆国家[180]和岛国都认为,世界上未开发的资源对他们的发展和生存至关重要。

由于人类横跨海洋的能力有限,海洋越宽阔,岛国的优势就越明显。因此,当科学技术的发展使得穿越海洋如同到达陆地边境线一样容易,大陆国家在国内经济需求的压力之下,就会纷纷加入海上竞争。这也正是我们目前所关注的。

如果岛国的优势仅仅依赖于海上力量的强大,这个岛国很快就会毁于一旦。

我们在迦太基的废墟中就能找到这种轻信的缩影。

我们前面提到过,海岛帝国的安全并不取决于对自身海岸线的防御,而是取决于对该国所处区域海岸线的掌控。从很多战例来看,这种防御必须是陆上防御而不是海上防御。现在,同撒克逊人竞争海上霸权的大陆国家都汇合在大英帝国周边。从这些国家的海岸抵达海洋的任何一条通道都会侵犯英国的统治权。

岛国的海上力量不能依据战舰来测定

海岛帝国的海军不应通过其战舰数量来衡量,而是这个国家[181]是否能够阻止其他国家在其所处外部海域称霸。这种能力首先体现在陆军而不是海军。如果一个大陆国家旁边正好有一个岛国,而这个大陆国家还拥有一定数量的海军,最后的胜利者肯定是大陆国家。

人们用松散、不负责任的方法来界定条件,然后依此条件来寻找那一无边无际、深不可测的沼泽。它吞噬了人的智慧,到一定时刻还会吞噬他的帝国和诸神。我们必须把人们对"海上控制"的错误概念归咎于这种定义的错误。这只意味着,控制海洋是为了进攻或防御被海洋所隔离开的陆地。如果通过陆地边界攻击这些领土同样可行,"控制海洋"就变成一个绝望的、欺骗性的短语。海上控制对于军事的重要性只是为了确保被海洋分隔的各战区之间的交通安全。掌控这些交通线的价值并不在于交通线本身,而在于位于交通线末端的领地的价值以及掌握这些交通线对于掌控这些土地的实力的影响。在机械革命之前,控制海洋决定着一个岛国的政治、经济优势及其对所有附属地的掌控。[182]随着机械发明在旅行和通信方面的不断运用,海上航线逐渐失去其特有的意义,而具有国际交通线意义的陆地线路正日益凸显其重要性。目前,欧洲的互通都经由陆路而非海洋。欧洲到亚洲,俄罗斯到印度乃至远东,都是经由陆路而不是像以前走海路。将来,不仅亚洲和非洲,还有整个西半球都会使用这一路线。大陆国家则会沿着这一路线将其统治扩张至实力较弱的国家,而岛国的海军活动对他们则没有什么影响。

至此,关于岛国,我们应思考一个奇怪的不正常现象:大陆国家争夺海上霸权的斗争不仅在其毗邻海域,而是在全球。这并不是缘于岛国海军的古老原则,而是因为大陆国家的经济问题迫使他们将目光转移至未开发大陆的自然资源。

海洋空间的缩小使大陆国家之间更加紧密,削弱岛国的重要性,加剧大陆国家斗争的普遍性和强度,增强控制海岸线的必要性。这些海岸线的距离每过10年都会随技术创新不断缩小。

[183]跨越海洋的时间越来越短,岛国对于海洋的控制也在相应地减弱。这两种情况导致第三种情况的发生,大陆国家争夺海上控制权不必削减陆军以在陆地上进行扩张或防御。

人类的进步使这三种情况成为可能,三者的共同作用使岛国的力量越来越弱。岛国海军实力的削弱并不是战争的结果。这是和平的作品,是大陆国家取代岛国执掌霸权的进程。这一运动在和平时期并不明显,只有在战争中才会根据作战国的重要性不同程度地表现出来。

英国的毁灭始于和平时期

英国霸权的瓦解萌芽于和平时期,战前可能出现四种情况(两种主动,两种被动):

1. 在岛国称霸海上之际,大陆国家经济自主能力增加。

2. 大陆国家政治统治的增强将决定国际海洋限制和豁免条件的特性。

1. 岛国对于大陆国家的经济依赖不断增长。

2. 岛国对负责拟定海战法令的国际法庭的影响力降低。

大陆国家争夺海洋控制权

全世界只有两个海岛帝国,[184]其余全部为大陆国家。随着大陆国家与岛国的数量失衡,制定国际和平与战争法则的国际会议会越来越不利于岛国对海洋行使霸权,对大陆国家扩张海上力量的限制会相应减少。

正因为大陆国家对国际会议影响的决定性增长,我们会见证每次会议都会削弱构成岛国实力和生存的基本原则。大陆国家决心在和平时期剥夺岛国发动海战的特定优势。这一决心会一直持续,直到大陆国家确保自己不受国际海战法规的约束。

这些变化将发生在经济方面而非军事领域,因为在大陆国家与岛国的交战中,海军并不是决定性因素。这主要限于保留交战双方的经济自由。因此,大陆国家将坚持对中立国船只进行限制,并扩大战争的禁运范围。[185]如果禁运物品扩大至生活必需品(如食物),运送这些物资到交战方港口的中立船只被截获甚至摧毁,岛国就没有能力在平等的基础上发动战争。

一个岛国不存在中立的边境线。

只要不在海岸线上,大陆国家的每个进口港都是中立港口。

在人类必需品的生产和需求方面,现代经济条件非常普遍。经济的普遍性、陆路交通的发展,再加上中立的边境线,这一切使得大陆国家不受海洋法规的束缚。海洋法规对于外国产品的唯一影响就是经由相邻中立国家的陆路运输。

在这一沉默且可怕的和平冲突中,我们见证了撒克逊海军的第一次衰落。

第四章　撒克逊奋战求生——俄罗斯

基于政治未来的国家伟大

[186]一个帝国的毁灭在摧毁帝国的战争之前就开始了。这场战争不是原因,只是国家毁灭的顶点,大火和疯狂的喧嚣标志着帝国的结束。

灾难性的战争是和平的失败。

有人必然会研究国际争端前的和平以确定存在的问题,而非审视战争本身。不区分真实的原因和表面的原因,这一错误做法使得各国相信自己在战争中有好运。但是原因和结果并不是骰子,自然法则也不是机会的游戏。

上帝不会赌博。

一个国家的防御就像其演进一样,由国家意愿或性格无法控制的条件所决定。社会的发展灵活迅速,[187]但军队转型却不受这种冲动支配。随着军事的不断衰退,军队的灵活性也不断下降,而不是提高。没有认识到政府各项体制要变动不居,这是经常导致国家解体的原因。

对军事特性的无动于衷会导致国家的衰败,要防止这一点是国家防御的首要因素。第二点是阻止与其利益汇合的国家的扩张。国家安全有赖于这些相互关联的基本条件,而撒克逊人在最近十年恰恰抛弃了这些。

周边邻国的军事扩张加上其自身的衰退,这些决定着一个帝国最终的毁灭。防御的第一原则就是不仅要阻止帝国的衰退,还要阻止政治或地理利益与其汇合或可能与其汇合国家的向外延伸。英国海军已经丧失了单独完成这一目标的能力。

其他国家在政治、地理上的扩张正在发生。这不仅仅与大英帝国的现在密切相关,而且关乎其最终的萎缩或解体。

国家的伟大是基于政治未来;衰败是基于现在;毁灭是基于过去。

海上活动规则

[188]现在构成英国防御的因素恰恰与促成其诞生的条件相反。那时的决定性因素使英国必然要拥有强大的海军,同时以内部陆地军队来补充。但是,英国的维系和发展取决于现时代的显著特点,而不是300年前的特点。

如果不积极阻止其他国家共同利益的汇合,像大英帝国这样的国家根本没有任何安全可言。过去,英国的海军就完全能够担此重任。只要国际交往的主要方式因陆地交通不足而限于海路,任何威胁到英国霸权的政治力量的扩张都会受到英国海军的限制。如果陆路交通没有发展到今天这样发达的程度,或者所有的国家都与世隔绝,英国的海军就能够继续维持帝国的霸主地位。

战争的重任转由陆军承担,这是因为英国海军无法阻止其他国家的对外扩张。这种扩张会让英国付出代价,甚至被摧毁。我们将会在后文中提到,英国势力从西半球消失,亚洲国家的扩张,德国在欧洲和小亚细亚的扩张[189]以及俄罗斯打通波斯和印度通道,这一切都与英国海军没有关系。

在考虑英国海军在作战方面的局限性时,我们将重点放在两种极端情况上：

　　1. 由于作战总部被占领或摧毁，导致帝国解体。

　　2. 由于最偏远的边界遭受入侵后回撤，导致帝国解体。

　　从以上两个极端情况中，我们可以看出仅凭海上力量无法保卫英国的领土完整。我们从中也可以总结出，所有中间战区在同样条件下必须遵循的一些不变原则。在前文中，我们曾提及岛国与大陆国家交战时，决定现代战争方式和手段的一些法则。这些法则并不是新出现的，而是同战争一样古老。这些法则由于现代科技发生了变化，让人们觉得奇怪而且不合理。这是因为人们习惯遵循既定的规则，不愿意偏离先辈的理想。我们意识到，人们无法接受这些原则，尽管他们经历了辛劳、成功和灾难。因此，尽管人们仍在继续建造自己的王国，但是却仍然居住在废墟之上。

支配战争胜负可能性的原则

　　[190]通过研究大国灭亡前的和平时期，能够得知导致其解体的原因。同时，我们也明白，可以在国家毁灭之前掌握导致其毁灭的原因。然而，在国家的灭亡前夕，该国对自身实力的自负也达到前所未有的高度，关于毁灭原因的知识会和他们的自负一起化为灰烬。

　　我们无法通过一些临时性的因素来预测未来战争的实施方式，如人、时间和地点。但是，通过查明战前和平时期决定成败的基本要素，我们可以确定发生冲突的具体区域。我们将其简化为以下三种情况：

　　1. 在战争前夕的和平时期，如果交战双方的战争准备完全不同，一方急于逃避战争而另一方急于宣战，胜利无疑属于好战一方。这一点毫无疑问，在历史上从无例外。

　　2. 如果同一场战争的胜利对交战双方有不同的结果，对双方的价值不一样，最后的胜利会属于战略优势和军事优势使胜利达到最大值的一方。德国和英国的军事关系正是如此。[191]如果英国取得海战的胜利,结果只不过是将战争从海上转至陆地;但是如果德国取得了海战的胜利,这就会导致英国的灭亡。

3. 如果由于军队编制的原因导致一方无法在决战中消灭另一方,最终的胜利归属于有能力消灭对方的交战国。假若英俄交战,如果决战是在海上,那我们可以肯定获胜的会是英国;但是如果发生在波斯和印度,英国海军完全无用武之地。

当能够在不同的条件下查明确保战争胜利所需要的最大力量时,我们就不仅能确定实现目标的手段,而且能实现目标本身。由于错误估计了打败日本所需的力量,俄罗斯在日俄战争中失利。另一方日本的判断则完全不同。日本并不认为取得海战的胜利就能赢得最后的胜利,但这种错误的想法如今却在英国大行其道。日本严谨地评估本国海军的局限性以及在战争中能发挥的具体作用,然后以此为依据确定日本陆军的数量,建立确保能够取得战争胜利的战略优势。

撒克逊人没有认识到海军在现代作战条件下的局限性,[192]主要是由于其军事洞察力的衰退。一个国家的思想不外乎其国民个体思想的集中。一个国家能否在其发展的复杂过程做出敏锐的判断,这取决于该国民众的思想特征。商人的观点肯定和士兵不同,而士兵的想法也不会和律师一样。人们做出的判断是否敏锐严谨取决于各自的思想环境、受过的训练和思想倾向。对一个国家来说,这也同样适用。国家对于某一具体事物的认知和判断取决其民众的思想倾向。

日本的国家思想是尚武,其对人类演进军事阶段的理解力敏锐、准确。英国的情形正好相反,杰出人士的想法代表了英国的思想,法律思维对于战争的逃避代替了士兵的军事思维。国家的荣耀变成个人的成就。国家的权力和伟大慢慢瓦解,整个国家进入一个自欺欺人的时代。国家虚假的军事认知偏离了人们的常识,在这种情况下，只有极少数在军事上全知全能者才能让一个民族生存下去。

尚武精神是上帝赐予每个民族的守护神，是上帝认可民族平等的标志。

[193]不尚武的公众所做出的军事判断一文不值。在英日两国关于防御以及各自发展的判断上，这句话得到了充分的展示。英日两国均为岛国，面临的情况也都一样。但日本认识到海军在作战中的真实作用和局限性，而英国没有。

现代某些条件一方面促使岛国扩充海军，另一方面又限制其海上力量。这一自相矛盾恐怕只有尚武国家靠直觉才能理解。商业国家民众的头脑对此完全无法明白。

这种自相矛盾由两项原则构成：

1. 假如大陆国家的扩张不在岛国海上控制的范围内，对于岛国来说，海洋的控制就越发重要，因为其海上力量已经从进攻转为防守。

进攻的失利只是一种拖延，而防守的失败则是一场灾难。

2. 海上控制并不是对于海洋的控制，而是对于海岸线周边国家的控制。也就是说，利用海上力量的优势控制这些国家之间的交通线，将他们彼此隔离。

陆地交通的增加削弱了通过控制海洋所拥有的权力

随着国际陆路交通线在数量、长度和效率的提高，[194]各国对海上航线的控制会相应减弱。以往欧洲只能通过海洋对外联系，海上霸主英国经常对他们的活动进行干涉和限制。

如今欧洲可以通过陆路到达亚洲和非洲。美国一度屈于英国对大西洋的控制，如今通过铁路可以到达西半球的任何地区。

不久以前，俄罗斯还只能通过海洋向远东和印度运送兵力。只要英国继续控制通往印度和太平洋地区的海上航线，这些扩张区域和战场就在俄罗斯的势力范围外。现在,一切都发生了变化。英国的海上力量再也无法影响俄罗斯在远东地区的扩张、向波斯和印度的推进。

除非一个国家的军队在战争的三个阶段(战略、经济和作战)具有决定性的实力,否则这些军队就没有用处,国家必须确保实施战争的其他方式和手段。

在研究国际战争的这三个阶段时,我们发现,在阻止俄罗斯征服印度、波斯或向东亚扩张方面,英国海军毫无用武之地。

战略上阻止英国海军参与这一冲突的是[195]一个简单的事实,在俄罗斯与其未来扩张的极限之间没有海洋阻隔。俄罗斯的推进并没有与海洋接触,直到其扩张到东亚、波斯、小亚细亚或者印度的海岸线。只有当俄罗斯征服以上地区后试图使用海军称霸太平洋或者印度洋时,英国的舰队才会成为斗争中的一个要素。

俄印交战无须使用海军

英国海军无力挽回英国在苏伊士运河以东地区的颓势,这一结论只得到部分人的认同。大部分人被另一种说法所迷惑,那就是:即使无法参战,英国海军也能通过封锁导致俄罗斯经济崩溃。

自大英帝国建立以来,国际经济关系发生翻天覆地的变化,但是控制世界贸易的因素同最初时一样,不列颠群岛的固有因素没有变化。上述观点在某一时期内正确,但在现代条件下却是错误的。当大陆国家之间的陆路交通发展到一定程度,其速度和运送能力等同或者超过海上运输时[196],岛国就无法通过掌握海洋贸易路线对大陆国家进行经济控制。如今旧的条件已经变化,未来还会继续变化,战争时不受限制的自由已经转移到大陆国家手中。经济依赖、战时完全受到限制已经变成岛国抓到的阄儿。表明大陆经济不可侵犯这一法则最好的例证是,英国企图通过海上控制俄罗斯贸易来摧毁俄罗斯的经济。

俄罗斯的进出口货物大约三分之二经由陆地边境线运输,因此,英国的海军对俄罗斯来说并不构成威胁。余下的三分之一进出口货物当中,九成以上是由别国船只运送。也就是说,如果英俄交战,俄罗斯只有 1% 的贸易会受到英国海上封锁的影响。如果俄罗斯不再通过海上航线运送进出口货物,而是经由中立国的陆地边境线运输,英国的海军就只能望洋兴叹。

如果一个国家准备在战争期间对另一国的进行经济制裁,其决策必须围绕对方进出口贸易的特点来实施。[197]如果敌国的出口商品主要是加工制造商品,进口商品主要是食物,一旦食物进口的渠道被敌方控制,这个国家的经济必然遭受打击。如果一个国家食物储备充足,进口商品主要是货物和工业用品,即使敌国封锁所有对外的通道也不可能达到经济制裁的目的。

英俄两国经济关系的特点本身就表明,英国的雄心不可能实现。俄罗斯是一个自给自足的国家,食品和原材料占其出口总额的 97.5%。俄罗斯的进口商品基本都是货物和加工制造产品,其中 57% 的商品都来自德国。此外,英国的进口商品基本上都是食品和原材料,出口商品则是工业制成品。俄罗斯向英国出口食品和原材料,英国向俄罗斯出口工业制成品,出口类别与德国对俄罗斯的出口一样。即使英国能够阻断俄罗斯的海上贸易,但是结果可能会适得其反。因为失去食品和原材料来源的将会是英国。英国对俄罗斯的出口贸易将受到毁灭性打击,[198]反而导致德国对俄罗斯的出口份额提高 50%,因为英国向俄罗斯出口的工业制成品与德国没什么两样。

从战略意义来说,英国海军既无法阻止,也不能推迟俄罗斯向亚洲的扩张。从经济方面来看也没什么两样。利用海军进行海上封锁打击俄罗斯的对外贸易,这种做法只会让英国遭受灾难性的后果。就算英国海军的旗帜出现在俄罗斯周围的海域,俄罗斯的经济也完全不会受到影响。

印度防御需遵循的原则

印度及其相关地区的防御完全依赖于英国的陆军。俄罗斯人和撒克逊人的防御阵地和指挥中心分别位于兴都库什（Hindu-Kusch）山脉的北坡和南坡。这样的地理位置决定了印度攻防战役的战略形势：以现在英国陆军的能力最多只能拖延一下俄罗斯扩张进程的脚步。

我们在前面提到，某些特定地区对人类来说具有一种奇特的重要性，能够指引人类征服的方向。在这些地区取得作战胜利具有决定性意义，作战失利则标志着国家的灭亡。这些地区仿佛国家进出的大门，对某些[199]国家来说是凯旋之门，对另一些国家来说则是狭窄的出口，一去不复返。阿富汗的赫拉特（Herat）就是这样一个地区，首都喀布尔也是。全世界再也找不到其他两个这样的地区，交通干线上负担着运输军队的重任，土地上回荡着征服者的欢呼。2000多年以前就有人说过，谁掌握打开赫拉特的钥匙，谁就能打开通往印度的大门。这句话放到今天来看也一样。

英国人的阵地在赫拉特以南460英里处，俄罗斯人最近的火车站在赫拉特以北80英里。假如一个撒克逊士兵不经意间从城墙上往下瞥一眼，他会发现自己三面受敌，东西北三个方向都是哥萨克人点燃的篝火。

俄罗斯向印度推进的线路有两条：左边一条经由阿富汗，右边一条经由波斯。

俄罗斯左翼推进线路的主要根据地是土耳其斯坦地区，这一地区人口不足1000万，但是驻扎在此的俄罗斯军队却有13.5万人。撒马尔罕（Samarkand）处于这一地区的中心，到达赫拉特的距离，比芝加哥到纽约还要近。俄罗斯右翼推进线路的主要根据地是高加索地区，人口1100万，驻军12.5万。

[200]在以上两个战略地带俄罗斯还有两个二级根据地：左翼

的萨拉托夫(Saratof)，人口 1600 万，驻军 17 万；右翼的哈尔科夫(Kharakof)，人口 4400 万，驻军 45 万。这两个二级根据地在俄罗斯左右两条线路上都可以用上，两个地区到赫拉特的距离不会超过从新奥尔良到纽约的距离。

仅从这四个地区，俄罗斯就可以在完全不影响其欧洲和亚洲边境兵力的情况下抽调出 88 万兵力与英国作战。这与日俄战争时期的情况完全不同，当时的战区可在 6000 英里之外。除此之外，俄罗斯能够投放兵力的总数可超百万。

征服印度的战场并不广阔，决定战役成败的是军队行进速度。但是在此役当中，距离对军队行进速度的影响并不比拿破仑当年更大，战区范围也并不比美国独立战争时期的作战区域大多少。独立战争中，北方军运送食品和枪支弹药的距离是俄罗斯至其战略根据地的三倍。

[201]印度的防御取决于两条法则的运用。然而形成这些法则的条件，撒克逊人已无法控制。

1. 在除印度和波斯之外的边境线上打败俄罗斯，这不会延迟反而会加快俄罗斯向印度推进的速度。

2. 印度边境线的防御不取决于英国的指导建议，而是取决于俄罗斯的进攻能力。

这两条法则产生的作用会立即显现，强度会逐渐增加，并与形成法则最初的冲动一样持续存在。

第五章　撒克逊奋战求生——德国

英德两国军事关系

[202]如今各国自欺欺人的程度是历史上任何时期所无法比拟的。其中最典型的例子就是关于战争机械手段的错误论断。这些机械装备仅限于一方使用时才会影响战争的结果。人们普遍将发明创造视为机械装置的奇迹，而不注重这些发明在战争中的实际应用。战争机械装备的破坏性与在某时某地使用这些装备来影响敌方的作战或防御能力，人们对这两者没做任何区别。从某种意义上说，战争机械装备就是进攻方的工具而防御方拥有的则是人、土地和所有自然力量。

从远古时代的人类[203]砍削出第一根木棒到人类制造出最新型的战舰，军事装备的产生和发明源远流长，都是以人为手段帮助进攻者征服抵抗者，用无生命的机械来压倒大自然的生灵。任何武器都有使用的限度，并依据特定情况设计，它们并不适用所有情况。人与自然才是战争普遍、恒定的因素。

每当新的军事发明出现时，人们总是备受鼓舞，认为战争面临终结。然后接下来的 10 年中，人们就会发现这种不切实际的希望落空：机械只能在有限和特定的范围内发生影响，并不能结束或控制战争。

正是由于这种不正常的信仰导致英国高估自己的海军力量，以为海军能够在其无法到达的区域实施作战，能完成战争中未知的行动。海军被赋予了并不具备的普遍能力。同样，不管以战争方式还是以和平方式，英国对大国的控制力每过 10 年都会递减。

只有其他国家的扩张从海上威胁到英国的领土完整，英国海军才有能力阻止[204]领土的流失或者英国的解体。然而一旦其他国家的扩张发生在陆地上，就如我们提到的俄罗斯对印度、波斯和东亚的扩张，海军就必须将指挥权让给陆军。

德国与英国的军事关系具有双重意义。如果双方交战，英国与俄罗斯的战争仅限于陆地作战，与日本的战争仅限于海战。但是，如果与德国交战，英国必须同时进行陆地和海战。作战方式和参战力量决定战争的烈度；相比与俄罗斯的陆地作战或与日本的海战，与德国作战的战争规模必定翻倍。

只有与岛国作战，英国海军才具备优势。但与俄罗斯作战，海军则无用武之地。如果英国进攻德国，海军则居于次要位置。英国海军只有一个职责，那就是在作战区域内保持海上优势。从战争的开始到结束，英国海军的使命都是防御。只有陆军才能决定战争的胜负，维护和平以及延续英国的生命。

要壮大发展，德国必须摧毁英国。同样，英国的首要任务也是阻碍或破坏德国势力的发展。

德国扩张的起因

英国人没能意识到迫使德国发动侵略的原因，[205]不过这是大多数国家都会犯的错误，一旦涉及到自己就搞不清楚状况。在区分无关紧要与不会改变的情况时，在分辨短暂和永恒条件时，这些国家总是优先处理琐事，整天为之忙忙碌碌。

英国不会明白，支配德国扩张的原因既不是民众转瞬即逝的激情,也不是随着政党沉浮的部长们的野心,而是源于自然力量的法则。这些法则不受时间、地点的影响,也与人类的希冀、恐惧、英勇或怯懦毫无关系。

当两个民族之间的利益冲突达到剑拔弩张的程度,就如同如今的撒克逊人和日耳曼人一样,双方之间的战争就无可避免。英德两国如今政治关系的现状是,一方全力备战而另一方则费尽心机拖延开战。这种情况下,双方不引发数场决战,这在历史上还没有先例。决战中的失利方通常都是不愿开战的民族。

如果对战争及不同条件下的作战方式产生误判,一个国家通常都会[206]使用本国最强的力量来保护自己。他们不考虑决定着战斗、目的或战场的诸多条件。这就像英国一样,将整个国家的安危维系于海军之上,孤注一掷。

英国人对德国扩张的原因和起源选择视而不见。这种处理方式与其处理国内事务的方法如出一辙。对于英国人来说,德国扩张同他们的激情一样转瞬即逝,同他们的理想一样变化不定。对英国来说,条顿人与撒克逊人的迎面相撞是政治性的而非种族性的。

对即将来临战争的起源、因果的错误判断,对战争实施方式的选择,这两个错误的结果就会导致第三个决定性的错误。这一错误就是战场的选择。这会导致撒克逊人的失败和解体。尽管是英国人自愿选择的,这一战场将是英国人发动或战斗的最后一个地方。

盎格鲁与条顿的战争有双重目的:对德国来说,就是摧毁英国,并且在英国的废墟上建立德意志王国;对英国来说,则是保护自己的财富,阻止德国的军事扩张,限制其对欧洲的统治。[207]德国的任务很简单,但是英国的目标则难以实现。只要摧毁英国舰队,英国发动战争的能力就彻底丧失。假如本土遭受入侵,英国遭受的就是饥饿。在收获季节之前,英国国内的食物储备只能维持数周;作物收割后,食物储备也只够维持数月。① 但在身体挨饿以前,士气上的亏欠就已经将英国人压垮。

哪怕在最有利的情况下,民众的勇气也患有贫血症,徘徊在怯懦的边缘。我们也很清楚怯懦的因果关系,也明了其应用的方式和程度。

德国征服英国人不是一件难事,原因有以下三点:

1. 英国的岛国特征,在现代看来,岛国是最危险的国家存在。

2. 德国对既定决战区域的战备特点使其能以最少的努力和代价获得最好的效果。

3. 英国尚武精神的衰落、对自然边界的放弃、个人需求胜于国家事务、民族团结的解体以及民众对于帝国义务的逃避。

综上所述,[208]德国使英国解体相对容易;英国打败德国的任务则艰巨得多。这不仅是由于前面所说的原因,还在于英国的军事约束应该但没能控制住德国的战争准备。我们说过,如果德国获得海上控制权,这意味着战争的结束和大英帝国的垮台。从另一方面来说,如果英国海军打败德国舰队,唯一的结果不过是回到同战前相同的状态,除非英国躲过迫在眉睫的危机。但这场胜利并不能让英国比战前更接近摧毁德国实力和全球扩张潜力的目标。没有什么比摧毁英国海军更能增强德国在欧洲的霸权,这比德国舰队的战败对德国的影响更明确无疑。

同德国一样,大英帝国在这场战争中具有明确的目的,它应以与德国相同的热情和决心来进行战争准备。除非英国能够采取军事措施摧毁德国发动战争的能力,否则英国海军的胜利就毫无作用。

对无法避免的事情进行逃避是最愚蠢的事。

英国军事准备的程度、特点和目标都简单明了,[209]无需磋

---

① 《皇家委员会报告》(*Report of Royal Commission*)。

商辩论,更不能犹豫不决。德国军事准备的程度和企图决定了英国如何进行军事准备。这种战备状态不仅要确保战胜德国陆军,还要控制德国组建陆军的手段和投入使用的潜力。

除了前面提到的因素,英国的军事衰退还源于对一项战争原则的错误理解,而这一原则决定着战争的进程和最后的胜利。那就是无法区分战场和基地,无法理解一方的决战区域对于另一方同样危险。

英德之间的战争即将来临,和以往的战争一样,双方对于战场都有自己的选择,也都会毫不例外地选择对方的重要地域。根据历史战例,如果作战一方能够选择战场,并能够保证作战范围不超出该区域,这一方获胜的比率为 7∶3。这一点可以作为军事信条放之四海而皆准。

最能决定战争胜负的因素莫过于战区与作战双方的关联。在不重要的战区取得重大胜利,对战争的最终结果影响甚微,[210]甚至毫无影响。但在真正战争的战略要地取得微弱胜利也具有重大意义。

我们在前面说到过,取得海战的胜利对于英德两国的不同意义:对于德国来说,是决定性的胜利;对于英国来说,毫无影响。因此,从德国的立场来说,关键的战区在海上;而对英国来说,在德国本土或邻近德国的陆上取得胜利才具有决定意义。

战区与基地的关系

尽管随着人类联系的改变和科技进步,发动战争的手段不断变化,但战争的基本原则在适用过程中不会改变。同样,基地和战区的相互关系也保持不变,决定其相互依存的因素也一如从前。现代文明的复杂性增加了基地的价值及其易受攻击的程度。这还会通过增加单个战役的决定性给予战区相同的重要性。因此,现代文明会相应地增加基地的脆弱性以及战区的决定性。这一平静的发展使得人们有必要争取更大的安全,加强对基地的防御[211]以及决定战区地点的能力。

战区离基地越近,优势就越明显,这种想法现在必须扔到一边,因为这种情况只有在交通手段受限的情形下才会出现。在战场上,距离并不是指多少英里,而是意味着时间和能力。在现代条件下,战区离主要基地或本土越远,进行斗争的困难反而越小。前提是这一比率保持不变,如果距离达到最远,交通运输在战争情况下的能力和速度就会降到最低。

科技的每一次进步都增强了战区与基地的相互联系。因此,战区与基地之间距离越远,该国的防御和坚守能力也就越强,其进攻能力也就不会受到限制,只要其交通设施根据上述法则来配备。

军事行动的目标只有一个,那就是通过打击对方的军队政府、破坏对方资源达到摧毁对方作战能力。因此,如果战区处于主要基地周围,也就是在一方的国境之内,在其他军事条件相同的情况之下,这一方战败的几率[212]将会是战区在敌方境内的 3.5 倍。

一些疆域辽阔的国家,如英国,境内的部分基地虽然所处区域很重要,但从全国的角度来看处于次要地位。相对这些次要的基地,英伦三岛不仅是欧洲战争的基地,还是整个英国的主要基地。

无论英国何时与欧洲国家开战,整个英国的利益都会受到影响。在与欧洲国家的冲突中,一旦英国人自己都将英伦三岛认定为战场并以此来进行战争准备,撒克逊人的末日就即将来临,帝国也将一去不返。

如果与欧洲国家开战,英国本土包括其周围的海域就都是英国的基地(见图三)。我们前面说过,一个岛国的边境线并非其本国的海岸线,而是其所处海域的外部海岸。因此,英国本土周围的海域与岛屿本身一样,是英国基地的一部分。如果在军事准备中,将英国本土或周围海域作为战区,英国将会犯下军事历史中前所未有的错误。英国基地直抵欧洲的海岸。英国的战区只有从这些海岸开始[213]并向东推进,占领或摧毁欧洲的中心,战争才算结束。

德国的基地和战区的选择正好相反。如果没有比利时、荷兰和丹麦,北海的海岸线就将成为英德两国作战的分界线。东面是德国的基地和英国的战区;西面是英国的基地和德国的战区(见卷一第五章)。比利时、荷兰和丹麦对于英德两国基地和战区的影响仅限于和平时期。以上三个均为中立国家,但边境线恰好与英德两国战线重合,这导致战火蔓延其境内(见图三)。

处于两个大国的作战区域之内,小国不可能保持中立。如果一个国家处于交战区内,其部分国土将会被交战一方吞并,然后作战区域将被推至另一方境内。比利时、荷兰和丹麦三国保持中立,[214]这不但没有减少反而增加了战争的可能性。只有三国战略性加入英国的阵营,使其东部和南部边境成为英国在欧洲的军事前沿,这三个国家和英国才能幸免于难。

英国的欧洲政策

英国的对欧政策受三项原则支配,其简洁让人不会出现任何错误的推断,其直接让人无从逃避。

1. 只要某个欧洲国家通过战争或实质性发展具备控制欧洲的潜力和军力,它届时将运用全部力量摧毁大英帝国。

2. 一旦某个欧洲国家或种族联盟以上述方式统治欧洲,英国必然要做的就是摧毁这股力量及其所依靠的手段。

3. 英国只有控制以下两个战略区域才能迫使欧洲臣服:

(1) 掌控地中海地区,对大英帝国有影响的地区包括俄罗斯、土耳其帝国、奥匈帝国、意大利的部分地区,还有法国和西班牙的部分地区。[215]这一战区属于英国海军的作战区域,其作战实力将取决于敌对联盟的最大实力。

(2) 北部战区包括丹麦、荷兰和比利时。如果战时能够在军事上控制丹麦,英国就能够阻止俄罗斯进行海战。这样一来,俄罗斯就只能通过一种途径进攻英国、印度边境。同时,控制这一战区也就意味着德国北部的基尔运河(Kiel Canal)失去战略价值,使波罗的海成为内海。一旦英国占领比利时和荷兰,德国就只能从易北河出海口发起海上进攻,德国海上扩张的目标也就无法实现。德国要获取海上优势首先就要取得北海的控制权。这首先要看谁能够实现对丹麦的军事控制,其次才是莱茵河、斯凯尔特河(Scheldt)的出海口。

凡是不以这两个战区为导向的政治策略都是错误的,而不以实际军事斗争为准则的军事准备都将证明毫无意义。

第六章　战备和冲突

军事准备和国家存亡

[216]在现代条件下,即将交战的一方倾其全力备战,另一方的军事准备聊胜于无。不用等到正式开战,战争的推进和结局已经可以确定。接下来的冲突对最终结果影响甚微,在那些漫不经心的国家匆匆走上毁灭的古老道路上,这不过是悲剧性的里程碑。

军事准备的特点和连续程度是导致战争胜负的决定性因素。除非交战双方和平时期的军事准备程度相当,接下来的作战阶段才有决定意义。我们已经无法再相信战争机遇的垂青,因为运气已经像其神明一样将人类遗弃。[217]在这个新机械时代,天才变得黯淡无光。尽管他们高贵、英勇,这些人已经被国家战备的充分与否所取代。

在如今的情况下,军事准备与国家的存亡息息相关,这是国家发展和存续的根本原则。战备不再是松散无序地召集部族、民兵或者志愿者,也不是建造军械库或者用武器装备将之填满。在现时代的大调整中,这些古老的理想已经处于次要地位,国家生命的长短取决于调整的完成与否。

撒克逊人在战争准备阶段所犯的错误是由于对于和平的错误

认知。战争与和平只不过是两个相对的术语，用来形容人类斗争的两个阶段。两个国家只有在没有相互联系时才存在完全的和平。当两国民众的往来增多，贸易竞争开始，其中涉及的利益就会决定两国实施的政策。从个人需求的实际冲突过渡到国家需要的斗争，这个过程几乎无法察觉。[218]个人的贪婪逐渐过渡到国家需要的过程也是如此。

战争与和平之间没有分界线

战争与和平之间没有明确的分界线。纵观人类历史上发生过的所有战争，我们无法确定任何一场战争精确的开端。战争与和平的差别并不是平静与冲突的区别。其不同之处仅在于方式和程度。战争与和平的区别是，在个体冲突之上形成的复杂斗争之中，哪方暂时获得优势。

只要人类存在政治竞争和个体竞争，国际的战争就既没有开始也不会结束。无论是好是坏，这一永无休止的斗争是人类抱负的必然动机。蜘蛛织网从小树枝延伸到树叶，人类是从门槛到门槛编织他的网络；路边的蚂蚁窝与大路附近的部落，两者之间并没有任何差别。

个体之间的冲突是利己主义的缩影，战争则是利他主义的放大。

和个人一样，国家也总处于潜在的斗争状态。当斗争的潜力处于被动状态难以察觉时，我们称之为和平；当其呈现为主动状态时，就是战争。战争状态在公众觉察之前就早已存在。然而某些国家，尤其是缺乏尚武精神的国家，通常都对和平向战争的过渡视而不见。当他们意识到时，战场上也许已经尸横遍野，[219]事实上这些国家早已处于战争状态。

一场战役的开始并不是枪声响起的那一刻。接下来的胜败也不取决于当天的努力。一场战争的战役与此前和平时间的关系同一场战役与此前战争状态的关系完全相同。战役是战争的组成部分，而战争是和平的组成部分。我们无法确定战争何时结束，而和平又何时开始。战役不仅是人类的暴力运动，而且是此前无数条件和活动的结果。因此，战争就是一场时间和空间加以延伸的战役。战役与战争的关系类似于战争与和平的关系。在一场战役中，决定胜败的因素只在有限的意义上与作战有关。在战役开始前的数月，各国就已经不断为各种可能性准备。国家对于一场战役的准备必须要像和平时期对于战争的准备一样。和平时期不进行战争准备比开战后不进行战备还要愚蠢。

对战争的准备不限于一小部分人口，而是受到冲突影响的所有人。[220]从国家的角度来说，战备并不需要很长时间，也不需要耗费很多精力。在现代，战备和战争本身都会影响到整个国家。现代社会的各阶层和各行各业在战争中都具有明确分工。

一个国家在对民众进行武器训练之前，其国民精神必须是尚武的；如果不是这样，其国民精神也必须处于向尚武精神的转变中。尚武精神与其他品质不同，不会体现在个人身上。尚武精神是一种集体精神而不是个人状态。一个国家的首要职责就是采取措施防止尚武精神衰落，因为这一卓越品质关乎国家的存亡。现代生活确实使一个民族的尚武精神出现衰退，具体表现在：现代文明的程度越复杂，尚武精神受到的削弱越大。这一衰落的后果显而易见，某些不实行义务兵役的国家将没有能力与实行强制兵役的国家开战。

我们已经表明，决定英国国家安全的因素和必须实施战役的战场都在英国的控制范围外。一旦这些边境受到侵犯，英国的防御也就走到了尽头。由于这一点，英国的军事准备、军队的组织和特点就绝不能遵循这样的原则，即在其分散的领土境内来保卫帝国。[221]在英国这样的帝国中，任何本土防御的军队都会变成目睹帝国被摧毁的军队。

如果一支外国军队出现在英国的土地上，英格兰就变成撒克逊人的墓地。

不管是在本土，还是在澳大利亚、加拿大、南非或者其他殖民地，英国的军事准备和军队编制都必须遵循适用于远征军特点的原则。

澳大利亚的防御主要依赖于印度边境的防御。因此，澳大利亚也就成为印度的后方根据地，向印度战区输送兵力。加拿大、南非和英国殖民地的防御则完全取决于英伦三岛的防御安全。同样，英伦三岛的存亡则取决于比利时、荷兰和丹麦的边境防御。英伦三岛是欧洲战区的主要基地，其海外领土和殖民地则是战区次要基地，也必须派兵驻守。

英国的军事准备不仅需要统一的行动，还需要不懈的努力和单一的目标。英国不仅需要大量的交通工具，还需要提高使用效率，以使其速度和运力能确保主战区与基地的距离不超过[222]敌方基地与战区的距离。如果在关键时刻或真正的战场发挥作用，最全面的军事准备都毫无意义。

但是，这些重要的需求通常掌握在文官政府手中，而这些政府官员却对如何增强军事实力一无所知。他们察觉不到最具军事意义的时刻，也很少意识到哪里是真正的战区。军队对政府部门的影响日渐式微，这种无知就越发甚嚣尘上。重构政府的理想构成了未来战争准备的基础，因它影响到撒克逊种族的寿限和未来。

撒克逊帝国的壮大和实力的发展并不完全归功于撒克逊政治家的才干，而是因为那些现已成为其领土的国家缺少这种才干。只要撒克逊政治家的才智和活动不如强敌的政治领袖，或在国际变动中无所作为，英国就会被他国超越。英国必然遭受与被其摧毁国家相同的命运。它摧毁了这些国家才使其权力具有如此巨大的潜力，但在保存自身时却又毫无用处。

其实和个人一样，国家很少能够因为别人的无知而获益，也不会想办法阻止别人利用自己的无知获益。

撒克逊的潜在实力和实际实力都在减弱。[223]这不是由于那些现在摩拳擦掌的国家才智超人,而是因为撒克逊人自己没意识到这一点。如果一个国家在普遍性进步中停滞不前,其结果等同于衰退,恢复到国际关系的早期阶段,永久丧失其价值。

英国在与德国的关系中并不安全

权力和进步不过是相对而言的词汇。英德之间力量的日渐悬殊并不是因为德国发展势头迅猛,英国停滞不前;也不是因为德国人的才智和撒克逊人的无所谓。构成德国对抗大英帝国军力的基本要素不是源于德国人关于战争事务的智慧,而是由于英国政治家违背了战争的三大原则:

1. 沿袭已不适用于现代战争条件的错误军事理念和战争准备。

2. 选择错误的战场,包括在这一战区中选择错误的基地。

3. 将开战的权力让与敌方是最大的错误。

只要政治家在民众的支持和欢呼中违背以上三项原则,所有其他的军事准备都毫无用处。[224]在这一无敌民众所导致的古老献祭中,陆军和海军,英勇和苦难都没有用处。这是一场古老的百牲祭,勇气成为最后的微薄祭品。

只要国际利益汇合的角度成为锐角,对战争的全面准备就必须落到实处。如果各国向接触点加速推进,国家的部长们就要先发制人,针对敌人采取公开行动发动战争。

一国如果没有发动战争,它就违背军事科学的原则犯下了第一个错误。当等待敌方宣战时,它只能准备好自己的毁灭。

先发制人的必要性

主动开战的原则对于战争的胜利至关重要。过去 200 年从未有过这种情况：发出足够多的警告，使敌方做好军事准备。宣战的必要性只是一种现代性的幻想。在过去两个世纪，进行敌对状态前宣战的例子不超过 10 个，尽管各方实际上已处于各种战争形式中。在同一时期，不宣而战的情况高达 111 次。

[225]不宣而战，没有任何国家比英国更彻底地贯彻这一原则。同其他国家一样，英国这样做是因为先发制人是最基本的战争原则。

在以往的情况下，由于路途遥远、交通工具匮乏，陆军到达战区需要相当长的时间。从一国行军至另一国，速度缓慢，辎重笨重，他们没有能力进行突袭。这一原始模式本身就相当于给了敌方开战的信号，让其有时间进行充分准备；而正式的宣战声明不会涉及具体的军事行动。在现代条件下，科技的发展大大提高交通和运输能力，古老的自然屏障已经被打破。在将来，不宣而战将会成为一条固定原则，越来越多国家会不宣而战，因为现代交通工具提高了军队的突袭能力，使其能够在主要基地的附近首先向敌方发起攻击。这一原则的明证就是，19 世纪不宣而战的战争数量要远远超出 18 世纪。在上一世纪，这样的战争有 47 起，到 19 世纪则多达 80 起。[226]支配未来战争的这一原则是如此正确，以至于撒克逊人的战争准备必须以此为基础。一旦冲突不可避免，就像现在与德国和俄罗斯一样，战场远离基地，英国就应为冲突做具体准备，在完成最大程度的准备后，发动战争占领决定着英国命运的那些边境线。

关于涉及中立国战争的支配原则

在与俄罗斯开战前占领波斯和阿富汗边境，在与德国开战前占领欧洲部分边境，这些举动会让英国违背不得侵犯中立国的原则。这种看法是错误的，因为大英帝国不会被中立国的神圣不可侵犯所打动。这不过是逃避责任的手段，用中立宣言不可侵犯来哄骗这些国家。侵犯中立国家领土并拒绝承认这一原则,没有哪个国家比英国这样干的次数更多。但是,如今英国的领土安全却维系在中立国家边境线的防御上。这一切让我们看到撒克逊人未来孤立无援任人宰割的景象。

撒克逊人占领这些边界是侵犯领土而非违背道德。但是,如果这些国家被俄罗斯或德国占领,[227]在这两个种族的席卷下,其身份的最后篇章不过是悲剧性的结局。

处于上述情况之下的中立国家,不管是在过去还是未来,在战时国际交往中都没什么地位。所谓中立国不受侵犯不过是一种幻想,一个赘生物。

1801 年,为防止马德拉群岛(Madeira)落入法国之手,英国没有和里斯本国际法庭打招呼就出兵占领马德拉群岛。从这一行为中,我们可以发现支配战争行动的真正原则。

1807 年,没有宣战,没有通知任何敌对企图,没有投诉丹麦的任何不当行为,英国舰队就驶入波罗的海,打败丹麦舰队,封锁哥本哈根所在的西兰岛。战争发生时,双方在各自首都互设大使,之前也一直和平共处。这次攻击的目的是防止法国占领丹麦并利用其舰队。撒克逊人犯下了无数军事错误,这一黑暗背景衬托出先发制人原则的光彩夺目。

如果在 19 世纪能证明自己出兵丹麦有正当理由,[228]阻止法国利用丹麦舰队,英国就更有理由在 20 世纪的和平时期占领丹麦南部边境,以保卫两国不受德国侵犯。

先发制人这一原则只适用于 19 世纪初而不适用于 20 世纪的文明社会,这一想法大错特错。英国和其他一些国家 19 世纪初能违背和平和中立的原则,俄罗斯和日本在 20 世纪初就能在中国和朝鲜做出同样的事情。

涉及中立国的战争中,有以下三种情况:

1. 如果一个小国地处交战双方的基地之间并属于后续战场

的一部分,不管是为自己的利益还是防止其落入敌手,作战双方都应在开战前或战争之初就占领该国。

2. 如果一个小国的中立构成某一大国的弱点,[229]大国必须在军事上控制形成弱点的边境线。

3. 如果一个小国的中立或独立威胁到一大国的存在,正如朝鲜威胁到日本,大国应剥夺其独立地位并纳入自己的版图。

第七章　力量的联合

决定帝国统一的原则

[230]这是本书的最后一章。前文的内容及结论的必然性让人有些痛苦。但不会出现别的情况。在本书中，我们没有提及希望和幻觉、理论和陷阱、逃避和屠杀。指引我们的不是实现人类抱负的转瞬即逝的理想，而是自然法则一步步演算得出的真理。这些真理恒久不变，最终会得以实施。

撒克逊种族的优势与国家生命的延长没有什么关系，除非其才智卓越者根据这些法则行事并时刻能意识到：国家民族存在的短暂以及支配政治实体发展消亡的那些永恒力量的铁面无私。

[231]大英帝国的存续首先取决于对国家荣耀和国家实力的区分。如果一个帝国的政府不过是各派别政策的产物，它存续的时间不会超过那些制定政策的人，其高度不过是平庸民众的一时冲动。这些人不是国家才智的汇合，而是个人无知和自私的综合，就如同暴民的反复无常所表现出的野蛮、疯狂的法则。

大英帝国的永存首先取决于军事统一，其次是政治统一。随时随地的派系必须让位于普遍适用的法则，不再对海外领土和英国本土的居民区别对待。

英国的统一并不是对其组成部分进行情感认同,也不是要成为各独立政治单元的联邦。前者是导致英国瓦解的消极因素,后者是英国瓦解的积极因素。支配统一的有以下四项原则:

1. 英国必须在军事上完全统一。

2. 英国必须在政治上整合为一个国家。

3. 撒克逊人在各组成部分占据军事和政治优势。

4. 帝国必须完全服从于整体的统一。

[232]个人无法理解自己与国家之间的真正关系,只是一味夸大不重要的因素,否认真正重要的因素。一个国家的各个地区看不到国家存在的普遍性活动,反而为了满足自己的欲望限制国家的权力。当一个像撒克逊人这样领土遍布全球的帝国发生这样的情况时,这对其国家安全的威胁无疑将大大增加。因为根据海洋国家地区分布的数量及其对于他国的潜在价值增加时,战争责任会相应增加。

英国增加附属领地就等于在增加敌人的数量。现在,世界上任何一块政治区域都存在一个或多个国家的利益与撒克逊人的利益形成冲突。每一个冲突的结局都会是战争。

英国的伟大正在增加,但实力却在削弱,原因有以下三点:

1. 未能在增加伟大程度的同时相应地增加实力。

2. 针对已经或将要与其利益汇合的国家,未能相应地增加实力。

3. 未能意识到现代交通运输方式给国际交往带来的变革。[233]世界在变小,国与国之间距离拉近,竞争加剧。这把整个世界以及所有分散的地区都置于一个单一战区。

国家的防御准备必须围绕战争的各种可能性来开展。有谁能限制大撒克逊帝国的劳工抵达那些太阳都躲不开的领地?因为没有国家能夺走他们的主权?撒克逊人从没有想象过如何维持一个无边无际帝国的主权,如何维持其庄严宏伟的永存。

　　人们普遍认为,人类社会的发展方向不是趋于统一,而是走向分散。造成这个结果是因为人们无限放大自身的个性或地域。出于自身安全的需要,人们过去数百年来已经开始从分散状态聚拢起来,形成越来越大的集体组织。在国际发展过程中,一旦出现一段相对平静的时期,各民族或同一区域的居民不需要相互保护时,派别或种族的主导问题就会出现,并最终导致瓦解。

　　国家的解体始于和平时期,这是政治、种族统一瓦解的后果。

　　如果一个国家都由自治区组成,并且不具备限制性的统一要素,[234]其缺乏统一的情况会导致各地区彻底自治。

政治和军事权力必须掌握在同一种族手中

　　有些多民族国家在政治上是统一的,有些单一民族的国家在政治上却不统一。相比之下,前者的团结程度要大于后者。民族单一、政治统一的国家,其团结程度最强。民族不团结、政治不统一而且从地理位置上来说也不具备统一条件,这构成了最脆弱的帝国形式。它需要以极高的智慧、坚忍不拔的勇气和恒心以对抗导致国家瓦解和灭亡的自然因素。

　　大英帝国就属于最后一种情况。

　　英国拥有全球三分之一的种族,而撒克逊人则占其中的七分之一。但是,撒克逊人享有统治特权,因此必须承担起整个帝国的防御责任。在种族异质性的国家,其军事和政治权力必须集中在一个民族手中。只要主导的种族分享其政治军事权力,帝国的统一和持续也就开始衰微。

　　只要政治和军事权力掌控在同一民族手中,帝国就将延续,[235]前提是他们的权力要胜过导致内部解体的条件和利益汇合国家的外部侵蚀。但是,如果一个国家像英国一样由自治政治单元组成,并且相互间距离遥远,这个国家就处于最迅速最确信无疑的政治衰败因素中。一旦有一个或多个国家超过其最强大的政治单元,其组成部分就会被吞并。

　　政治自治对分散各地民众的影响特点鲜明,虽然影响的程度与导致解体的条件相关。按照最初的理解,爱国主义并不是从天而降,而是大地的产物。爱国主义是人类对其耕种土地的依恋。人类对居住环境的热爱、对帐篷桩和牧群的忠诚,这在今天不仅毫无用处,反而成为导致政治瓦解的焦点。

　　原始的爱国主义是地域性的,现代的爱国主义必须如同种族的演变一样经历相应的变化过程。对环境的狭隘爱国主义必须被永久摒弃。这不是扼杀古老的理想,而是一种美好的变形。它将地方性融入普遍性,将帝国的目光[236]从绝望的、寸草不生的荒野转向头顶浩瀚无垠的星空。几百年前,一些牧人抬起头,眯着眼睛发现了一个宇宙。

必须消灭派别

　　只有摧毁所有派性的差别,我们才有可能创造一个永恒的帝国。只要政治自治的存在使派别差异有可能出现,使地方性优先于帝国政策,统一就会终结,政治解体就会开始。

　　随着帝国边远地区自治程度的增加,爱国主义的地方化也会抬头,从而导致诸多罪恶。只要自治程度被抬升到与帝国法令相对抗的程度,各派系的权力都会处于优先地位。这会导致另一种形式的政治解体。第一个影响就是整个帝国都丧失政治统一和爱国主义的扩散。这就像砰然四溅的面粉一样,除了造成粉尘和噪音外,还增加了帝国毁灭的可能性。

　　随着时间流逝,对帝国的爱国主义会在各分散的领地慢慢消退。自治程度越高,殖民地对母国的忠诚度就会越低。每一代殖民者都会在当地形成某种传统,这些传统一代代沿袭下来,后代子孙也就越来越固守在养育他们的土地。[237]关于帝国爱国主义的抽象理想让位于实实在在的、关于本地的想法。地方性及其日常任务主导着人们的生活,那些在时间、空间上都很遥远的事情或者抽象的理想对个人的影响微乎其微。没有比抬起人的眼睑更困难的事情了。他热爱自己的泥土并为之感到荣耀,因为上帝正是用泥土创造他。

保存撒克逊种族的完整性及其财富和抱负,这主要取决于去除爱国主义的地方性,用没有地理差别的种族忠诚取而代之,将民族和国家视为一体而不是时刻关注民族间的新仇旧恨。撒克逊人应意识到,他们要使种族和帝国凝为整体,而不是带着古老仇恨的狭隘痕迹匍匐前进。

只有在地方独立不会影响帝国团结和统一的前提下,政治自治的主张才有其合理性。只要帝国不同组成部分采取联邦的形式,各领地或殖民地各自防御并有权决定是否帮助其他地区,那么他们毁掉的不仅是自己,还有整个帝国。

如果这些领地处于某些国家的扩张范围内,其人口增长的比率与这些国家的增长相当。[238]其结果就是,这些领地军事潜力的增长必然处于劣势的程度固定不变。欧洲和亚洲国家的经济增长及其对这些领地的未开发资源的需求会以几何级增长。与这些国家相比,英国领地的防御能力依然保持不变,甚至衰退。一个独立的澳大利亚无论如何努力都无法与日本相匹敌,因为双方原初实力的差距实在太大。随时间推移,澳大利亚只会变得越来越弱,日本则越来越强。同样的情况也发生在印度与俄罗斯、加拿大与美国、非洲与欧洲、英国与条顿人之间。

帝国生存有赖于军事整合

在一个由自治邦组成的帝国里,军事统一构成国家生存的基础。以帝国形式组成的联邦在政治上非常不稳定。大英帝国的错误政策就是倾向于建立联邦的政府形式,让各领地不仅自治而且军事上隔离。

只要殖民地的自治权包含军事、海军特权,并拥有使用这些特权的宪法权利,这样一个国家将不过是一个缝缝补补的空壳。

如果一个国家由无力自我防御的自治邦组成,[239]他们就只能通过统一军事潜力和彻底的中央集权来自保。只有高度统一的政府才能履行军事职能。只要有地区在军事上独立,即便它在政治上自治,这都会使整个帝国被外部势力摧毁或因内部分歧而解体。

撒克逊人的伟大仅限于其民族本身,在人类没有开端、没有穷尽的种族延续链条中,撒克逊人只是其中一环。

如果撒克逊人要继续生存,它必须作为整体:(1)整合帝国的陆军和海军;(2)将各领地的陆军、海军机构与其文官政府完全分离;(3)在整个帝国实施普遍的义务兵制;(4)在远征军的基础上组建全部陆军;(5)根据潜在对手的军队规模和部署确定陆军的规模和部署;(6)某些国家的扩张边界不断向英国领地的土地和人民推进,随着他们的军力增加,撒克逊种族的尚武精神和帝国的实力军力也在相应增长;(7)帝国的军事、政治统一[240]必须随着各组成部分人口的增加不断加强。

独立国家的邦联制是最软弱的政府形式

无论进攻还是防御,邦联政府在战争中都是最软弱的管理形式。与其他拥有主权或领地的种族相比,撒克逊人更有自治的能力,但他们的能力还没有达到能拒绝自然力量的程度,在自然力量面前,撒克逊人有限的优势根本不值一提。

撒克逊人尝试过用邦联制,使各领地军事和政治上自治,但发现这有欠缺。美国在其形成过程中,在其从始至今发展历程的斗争和兴衰中,充分刻画出邦联政府形式的内在弱点及其生存的不可能性。如果独立之初遭受各国现在(因交往密切、距离缩短)所面临的相同危险,美国根本就撑不过一代人。在回顾美国政治体制发展的过程时,我们发现科技不仅让美国与世界各地的联系更加紧密,增加其责任与危险,而且相应地改变美国的政治体系,[241]剥夺了各州的主权。在议事厅或战场上的静默和喧嚣中,生存的压力迫使美国放弃联邦的政府形式。

邦联是一种古老的无知,是对政治独立的曲解。在一个现代国家里,正如其他那些被永远抛弃的盲目错误一样,邦联也不再有立足之地。

附录:荷马李佚文五种

李世祥　译

中国还能战斗吗？[1]

同过去一样,如今所有国家的一个突出特点是忽视军事科学的主要法则,极度鄙视自己及其他各国的官兵。美国在这方面也不例外,我们总会对他国的英勇表示轻蔑。

西班牙美国战争后,我同一位大学毕业生聊天,谈到如果与某个世界一流强国进行一场伤亡惨重的战争,这只会让美国猝不及防。

他惊叫:"为什么这么说?我们同这三个国家一样棒!"

我努力从人数、技术、培训和纪律等各个角度来比较欧洲军队与美国军队。对比的细节不值得探讨,就此略过。

他告诉我:"每个美国家庭都有一把枪,或猎枪、步枪或左轮手枪。我们会立即拿起现成的武器,把敌人赶到大海里去!"

对于指挥官,他向我保证每个美国人天生都是一名将军。至于技术知识或纪律,美国志愿者的勇气足以替代这些要素。

不幸的是,这种对外国军队的极度轻蔑在美国及其他地方普遍流行。这是爱国主义,更是某种国家性的自负。正是这种虚荣心而不是其他的因素,造成成千上万人不必要的死亡,使国家大祸

---

① ［译注］原文发表于《今日世界》(*World Today*),1907 年 2 月,页 137—146。

临头。多少帝国和国家因此而衰落。

这种国家性的自负是中国在过去半个世纪遭受诸多不幸的源头。中国在此期间打了 8 场战争，丧失数个附庸国，古老的首都两次被外国军队占领。这些教训告诉这个伟大帝国自负与真正的爱国主义之间的区别。

西方人已经习惯带着极端的轻蔑和傲慢看待中国的士兵。他们的推断不是基于中国人民的军事能力，而是基于各国与中国的战争结果。这些国家的军事效能处于巅峰状态，还有各式现代发明。中国则正处于政治衰落期，其军队没有装备，没有良好的培训，没有组织，没有称职的指挥官。因此，这种推断显然不正确。只有两国军队的装备和组织性都达到较高水平时，我们才能比较二者的战斗力。进一步说，我们认为中国士兵懦弱无能是因为西方忽略了这片古老土地的军事史。欧洲和美国只了解处于政治衰败期的中国，腐败的政府官员和偏执盲目的文人压制了中国人的军事本能和热望。这两个阶层明白，军事上的复兴意味着他们的垮台。

简要回顾中国人的军事品质，我们就可以看出没有哪个国家拥有如此悠久的军事史，如此多的大战和如此漫长的行军。中国的编年史比任何民族的史书记载了更多（伟大将军的）军事行动和英雄事迹。

同其他国家一样，中华帝国的演进也在战场上进行。新时代的号角已经在战场上吹响，新生的自由来自于撞击厮杀，无数人的鲜血孕育出新的国家力量，陈旧的习俗和政治腐败被埋葬在战争的灰烬残骸之中。曾经统治过中国的 25 个王朝都由成功的将军所创建，又都在覆灭的前夜四面楚歌，敌军整齐的节拍预示着即将来临的消亡。

文官和学者在中国的政治进程中发挥的作用很小，他们从未创建过任何王朝，但总是王朝覆灭的同谋。

中国在悠久的历史中从未有片刻摆脱过战争的必然性,无论是与外敌的战争还是内乱。这些战争的可怕程度令人难以想象。公元 8 世纪,当唐朝衰落时,人口在 52 年里减少了 3500 万。公元 6 世纪,在钟离(Chongli)之战中,有近 30 万士兵战死沙场或淹死在淮河(Hoaiho)湍急的水流中。死亡人数超过 10 万的战役则数不胜数。在公元 15 世纪的内战中,有近 150 万人参加在白沟河(Euho)两岸的战役,①战斗持续数日,从清晨杀到黄昏。当战役结束时,成千上万的尸体横七竖八地躺在沙地上。

在 50 年前的太平天国运动时期,死者不下 2000 万。富庶繁华的地方都变成野鹿出没的灌木丛,稻田成了野鸭的乐园,熙熙攘攘的村镇成为野兽横行之地。

中国曾被征服过两次,一次是被成吉思汗及其后人率领的蒙古人征服,还有一次是被满族人。两次征服都发生在中国政治衰落时期,这种情况我们在 19 世纪已经看到过许多。

在鞑靼人入侵时期,中国分化为两个与之对抗的王朝,都处于政治解体的边缘。可怕的蒙古人从沙漠中的不毛之地猛扑过来,在有史以来最伟大的征服者率领下用 70 年的时间征服了这个群龙无首、一盘散沙的帝国。在骑兵胜利的马蹄声中,中亚、西亚和东欧在更短的时间里臣服于蒙古人的牛尾旗。在中国建立元朝以前,蒙古人已经征服蹂躏了亚洲、俄罗斯、波兰、匈牙利、保加利亚、罗马尼亚和波斯尼亚。人们捍卫国家和自由时越英勇,国家存续的时间越久。

襄阳(Sianyong)之围持续 5 年时间。4 年后,一部分防御失守,各要塞血战到底,逐街逐户地争夺,所有士兵全部战死,胜利带

---

① [译注]荷马李这里显然指的是明代靖难之役(1399—1402),但英语名称的具体指代很模糊。靖难之役包括郑村坝之战、白沟河之战、东昌之战、夹河之战和灵璧之战,其中白沟河之战最贴近荷马李的记叙。

给蒙古人的只是城市的废墟。

在有些围城的战斗中,守卫者无力继续战斗,所有人在家中自杀,围城部队登上城墙后发现里面已成一座空城,到处都是百姓的尸体。

在思考对中国的征服时,各国不要把王朝的软弱错以为是中国的软弱,也不要把政客的怯懦当成是中国人的怯懦。尽管日本1894年把纪律涣散、装备简陋的中国军队赶出朝鲜,但我们不要忘记公元7世纪中国军队在同一战场上消灭了日朝联军,400艘日本帆船冒着熊熊火苗沉入到黄海冰冷刺骨的海水中。公元16世纪,日本最伟大的战士丰臣秀吉(Hideyoshi)入侵朝鲜,还吹嘘能够攻入大明的疆土,用剑给中国400个州县降下寒霜。但日本人还是在这片战场上再次被打败,逃到釜山(Fushan)。武器装备和军事效能在不断变化,但中国人的英勇一直没变。中国需要做的只是就前者采取补救措施。

大家都知道,美国代表古巴进行干预和中国救援朝鲜基于相同的原理。对邻国的这种干预要么是为了摆脱外国压迫,要么是平定内部叛乱。这种情况发生过很多次,往往出于父亲般的牵挂或无私的荣誉感。我们无法指责中国利用这些机会获取权力或领土,将自己的习俗强加于获救者。中国不会侵犯这些邻国的权利或自由。

应越南国王的请求,明朝永乐皇帝曾镇压河内(Tonquin,旧称东京)的一次叛乱,他在(朱能、张辅)将军出征前指示说:

> 惟黎贼(黎季犛)父子及其同恶在必获,其胁从及无辜者必释,尔宜深体朕心,毋养,毋玩寇,毋毁庐墓,毋害稼穑,毋恣妄取货财,毋掠人妻女,毋杀戮降附者,有一于此,虽有功不宥。[①]

---

① ［译注］《明太宗实录》卷五十六,台北:中研院历史研究所,1962,页824。

　　1791 年，喜马拉雅山脉南麓的廓尔喀（Goorkhas），一个独立的印度王国，派了两到三万名士兵入侵西藏，想掠夺喇嘛庙和寺庙中的大量财富。他们占领了第二大城市日喀则（Degarchi）和扎什伦布寺（Teshu Lumbo）。藏人向北京求救，福康安（Sungfu）受命从西宁驰援，此地在拉萨东北 1000 英里处。这支部队跋涉穿越青海荒原、峭壁、穆鲁乌苏（Mur Ussu）峡谷和冰川。在世界军事史上，还有没有哪支部队像福康安穿越世界屋脊这样凶险。

　　中国的指挥官英勇娴熟地排兵布阵，迫使廓尔喀人在喜马拉雅山脉北麓进入战线。依照惯例，中国人向廓尔喀人提出条件，如果同意，他们就能平安返回故土。这一最后通牒包括交出叛变的喇嘛以及从寺庙掠夺的财宝，承诺以后不再侵犯，承认中国的宗主权。

　　廓尔喀人傲慢地拒绝了这些条件，双方在海拔近 4800 米的高原激战，最后廓尔喀人丢下许多战利品落荒而逃。中国人乘胜追击，在济咙（Kirong）隘口第二次打败敌人。在堆补木（Daibong）与济咙的半路上，廓尔喀人守卫这一峡谷通道长达三天。此地距其位于阳布（Tadi）河谷的都城还有 20 英里。

　　廓尔喀人因绝望表现出的英勇挡住了中国人前进的步伐。当两军在悬崖边相遇时，福康安向自己的部队保证，只要剿灭廓尔喀人，炮火就会停止。就这样，大炮开始轰鸣，不分敌我地射向正在厮杀的士兵。直到廓尔喀人和数千名中国士兵都滚下悬崖坠入阳布河的急流，大炮蓝色的烟雾才慢慢散去。

　　熟悉廓尔喀人的军人都知道，他们是英属印度军队中最勇敢的战士。这些人也明白，在超出身体极限的海拔高度，中国的士兵要占领廓尔喀人的阵地需要付出什么样的努力。这次行动无疑是军事史上最引人注目的一次远征，说明中国军队只要领导有方能够取得何种成就。

　　有人自然会说，如果具备这样的军事能力，中国人为什么与西方国家差距这么大？首先，中国在过去 100 年来正处于政治衰落期，西方人在这段时间制造出各式武器和装备。其次，西方国家的军事发展是一种彼此相互依存的同步性演进，如语言、法律和宗教。但中国的发展只属于中国人自己，无需任何人帮助，他们单独孕育出自己的语言、法律和习俗。

中国古老的兵书早就颇有见识地阐述过：行军、料敌、安民、造桥、情报、岗哨、赏罚和战略战术。

中国的工程师能在峡谷上建造 500 英尺长 12 英尺宽的桥，欧洲人 2000 年后才能做到这一点。唐朝的军队多达 895 个团，常备军人数达到 90 万人。这些士兵的训练分为个体培训和集体培训。

在公元 7 世纪，烈士的妻儿会得到抚恤金。

在公元 8 世纪的太原之围中，攻守双方使用了挖坑道和反坑道的工程手段，围城部队在不到一个月的时间里损失了 6 万多人。公元 10 世纪，各级军官的晋升开始受到严格的规范。到公元 12 世纪，中国人在战斗中使用载有 24 名士兵的装甲车以抵御骑兵的攻击。

中国的军事正是以这种方式不断发展，这也远早于欧洲。但现代的习俗、战术和装备都要优于中国国内制造的一切东西。过去不能也不会被忘记，光辉的事迹会照亮未来的英雄之举。现在，中国正在复兴，尽管世界没有注意到这一赫拉克勒斯式的重任。中国不仅要清理政治冷漠和政治腐败的奥格阿斯（Augean）牛圈，还要接受一个完全陌生的体制。中国以前从未接受过外来的体制。

中国正在发生着令人惊异的变化，许多变化还在进行中。与我们军队对阵的是中华帝国的军队。每个省都有自己的军队，结果任何两个省的武装都不一样。一省是德国的编制和教官，另外一些省的编制和教官则是法国、日本、英国或俄罗斯的。军事体制的不同使得武器装备千差万别。经过外国教官培训后，军队会交到中国指挥官手中。这些人通过贿赂、关系或文才得到的职位，对指挥军队一窍不通。

中国在这些毫无用处的军队身上投入大量钱财。如果合理使用这些钱，中国在数年内就能建设一支与其他强国相当的军队。

中国并未把各省的军队国家化，完成这一任务实际上等于废除这些军队，剥夺地方官员的军权。这是必须要采取的一步。首都的参谋总长必须能控制指挥整个帝国的军事力量，各省的军校必须指挥统一，受国家管理。通过这些计划，中国不仅能在较短的时间内培养出 50 万到 100 万士兵，投入的费用比维持现有的地方军还要少。到了战时，我们就会在东方看到一支统一、团结、高效的军队，而不是处于政治衰落期的混乱低效的中国军队。

中国人天生是当兵的料，任何国家的人都比不了。中国人耐力惊人，吃苦耐劳，从不抱怨生活艰苦，因为他们知道生活必然艰苦。中国人从不喝醉，也不需要什么宪兵司令。中国人在和平时期很温和，在战争中则异常勇敢，不怕死。他们能够理解掌握技术指导中最精微的内容，平和且有耐心。这些素质在现代战争中非常宝贵，中国人对于权威的尊重使得军队很容易做到纪律严明，这恰恰是军队的基础。

热爱和平与正义的人将为中国的军事改革欢呼。由于没有防卫能力，中国已经遭受多场战争。如果这种情况持续下去，中国还要遭受更多的战争。一个强大的中国，一个武装起来捍卫自己权利的中国，将会打消那些因中国军力贫弱而滋生的野心。

王安石变法的失败[①]

第一部分　思想的孕育和运作

　　争取工业自由和政治自由的斗争并非一族一朝之事，而是人类的普遍现象。通过这种永不休止的斗争，人才会变成今天的样子。这不会让人变得完美无缺，甚至不会接近完美，但可以让人类生活变得更好。当有人开始通过新的探索去寻找圣杯时，没有思想的人不应嗤之以鼻，自视甚高者也不应挖苦嘲笑。

　　未经证实就谴责社会主义其实是在藐视人类的期望，而人的期望是一切进步的源头。不心平气和地反思就反击社会主义，这不会使人有什么收获。对于现代文明面对的经济问题，我们必须把社会主义作为可能的解决方案之一。因为社会主义是过去以及现在经济形势的自然发展，我们确信社会主义在未来会出现。要确定社会主义与未来的关系，我们可以到中国某个历史阶段寻找答案。

---

① ［译注］此文的英文标题为"How Socialism Failed in China"（*Van Norden*，September 1908，pp. 107—113）。英文编者认为，荷马李用"socialism"这样一个现代英语词汇来翻译"王安石变法"实在过于武断。

　　要思考社会主义以及其他人类活动,需要的不只是信仰还有经验知识。当社会主义仍处理论阶段时,赞同其原则毫无意义,我们要了解其实行过程以消除头脑中的困惑。没有什么能比人类经验更能决定社会主义学说正确与否。一旦知道社会主义并不完全属于未来或者说完全属于理论层面,它曾经在过去指导过一部分人类的工业和政治,人们就能够平静把社会主义当作真实发生的事情来思考。对于从未尝试过的事情,人们只会感到疑惑和忧虑。如果有经验知识,不带有偏见或偏爱,人们才有可能公平地衡量社会主义的价值及其最终命运。

　　简言之,社会主义并不是新鲜事物。尽管还不为人所熟知,社会主义同其他政体一样已经接受过历史的考验。支持者和反对者的论证都基于社会主义未来的可能性,这既不合理也不公平。确切的经验知识要比理论更有分量。人类的经验要好过人类的希望,中国就有过实行社会主义的经验。

中国真实的演进过程

　　对于中国,西方人最大的错误就是认为中国的政体数千年未变,中国一直处于熟睡状态,其沉重的眼皮最近10年才稍有抖动,在半睡半醒中缓缓移动。同其他国家一样,中国曾由几个政治实体组成,其发展受到相同法则的支配。这些法则同样决定着西方国家的创建和消亡。中国人民的演进与欧洲人民的演进类似,无论是个人还是国家。但中国实现了欧洲从未达到过的圆满,亚洲的大部融为一个同质性国家。中国在19世纪初所进入的国家生命阶段就是拿破仑梦想成功建立的统一帝国,整个欧洲成为一个庞大国家,实行相同的法律、主权和习俗。政府更迭,政治实验,工业自由,商业发展,为实现个体自由和政治自由进行的不懈斗争,这些都是中国演进过程中的诸多阶段,就像整个欧洲或整个西方

（而非单个国家）所经历的演进一样。

十五次王朝更替

西方人认为中国政治一成不变，这一错误源于对中国人民及其政治演进方式的一知半解和轻视傲慢。从公元 5 世纪到 17 世纪后半叶，中国经历了 15 次王朝更替，每次的战争都足以摧毁当时的欧洲国家。伴随着这些革命的是政治、体制和工业变革。习俗、理想、国家生命的阶段，这些不时被颠覆推翻。

在相同的时间里，法国只发生过两次王朝更替，人们从中看到社会发展进步的痕迹很少。在美国成立以前，西方还不具备中国已经享有数百年的政治自由。在西方 19 世纪进入科学机械发明的时代以前，中国在政治上、种族上、智识上都优于西方。从那时起，形势出现逆转。通过科学的进步，西方在几十年里实现了中国几百年都达不到的发展。但在那些不受科学发明影响的更内在、更精微的生命阶段，无论是个人还是国家，中国达到的发展水平西方仍在努力追赶。

不幸的是，对于中国向世界提供的宝贵经验，关于人主观、客观演进的丰富知识，西方人依然一无所知。中国不是众多作家和旅行者描述的那个样子，既不是一个幻想的王国也不是一片昏暗的领地。西方人对中国的想象一直充满幻影和错觉。中国不是由奇异生物组成的虚幻世界，不是生命和理想的古怪矛盾体。中国所有的基本特性都与西方相同，驱动着中国发展的与驱动着西方的力量一样，都是希望、恐惧、错觉、个人斗争和经济斗争。但是，中国比西方更古老，在许多方面也更睿智。

社会主义并非现代产物

在几百年的政治演进过程中，中国涉足了西方的未知领域，所创建的体制和政体一直被西方人视为理论和空想。中国在经济演进的某个阶段曾实施社会主义，这表明中国同样完全受进步法则的支配。全体人类都能认识到这些法则，不论时间、地点和种族。

社会主义并不是现代西方演进的产物，中国在公元11世纪就已付诸实施。只要了解古老埃及和中国的历史细节，我们就会在神秘土地上发现相同或类似的经济发展阶段。中国的社会主义与美国的社会主义相距900年，但二者的基本原则相同。通过对比两场运动的原因、宣传和原则，我们发现二者实际上没有什么区别。社会主义理念在西方尚未变成一个经济现实，这使我们无法做一个全面的对比从而明确中国的社会主义理念是否与我们完全相同。

古代演说辞的记录

中国的史书浩如烟海，不仅记录下这一时期的史实，还记载了正方与反方的论战。与当时中国的文件相比，美国早期政治斗争的记录并不具有更高的可信度。

如果政治实体的发展受普遍法则支配，东西方情况都一样，无论是在11世纪还是在12世纪，产生的结果都会相似。如果社会主义在900年前的中国得到发展并真实存在，今天又在搅动着欧美人的神经，古今产生社会主义的条件必然相同。当社会主义在中国出现时，征服者威廉正在征服英格兰，对两国文明程度的对比不仅揭示出演进步伐的区别，还有东西方的差异。

公元11世纪，社会主义运动开始时，中国的人口数量比整个西方还要多。农业人口就有2200万。中华帝国拥有一个庞大的公路网，用花岗岩石板铺就，路两边是榆树或榕树。7000英里长的运河用石头垒成，河岸两侧是柳树和榆树。运河与其他大河相连，形成一个精美的水系。在美国建成现有的铁路体系以前，中国的运输手段超过世界任何地方。

和平、和睦、满足,这是中国人当时的心理状态,作奸犯科之事少得可以忽略不计。中国采取一切可能的预防举措来维持国家及个人的道德水准,捍卫人民的利益。个人自由得到了近乎完美的保护,比西方的保护更为全面细致。中国对司法进行了限制,使其权力不会滥用于遏制民众的权利和自由。宋太祖从各州府官员手中收回生杀之权时说:

> 人命至重,姑息藩镇,当若是耶? 自今诸州决大辟,录案闻奏,付刑部覆视之。①

不断增加的个人自由

个人的自由正是以这种奇妙的方式提升到西方人今天仍体会不到高度。在此期间,整个政府都要服从于人的自然权利,"止于至善"成为政府的首要目标。皇帝允许最卑微的臣民能随时面见。皇宫的门日夜开放,向民众显示宫殿代表着他的内心。这一时期有规范皇帝行为的十诫,这些法则同样适用于各级政府官员:敬天、爱民、修身、长能、荐才、听谏、减赋、慎刑、禁奢、戒淫。

这一时期的政府体系是帝国式的民主制,其他地方对这种政体一无所知。它有两种截然不同但又相互关联的形式,就二者对于个人权利的影响来说二者又完全相同。官员的选拔一方面基于普遍选举,另一方面也要经过竞争性的考试。乡、镇、村的官员通过全体人民选举产生。每个人都有投票权,也有资格担任所属地区的官员。通常选举出来担任这些职位的都是各乡镇德高望重的长者。其他级别官员直至宰相都通过考试来竞聘选拔。考试分为

---

① ［译注］（元）脱脱,《宋史》太祖本纪卷三,北京:中华书局,1977,页 50。

四类,面向整个帝国的人,不论出身。无论出身深宅大院还是渔樵茅屋,帝王贵胄还是烧炭翁之子,这些都不重要。

中国当时的行政区划是州、县、镇或区。那些通过乡镇考试者能够参加每年一次的县府考试,中榜者为秀才;通过者再参加三年一次的州府考试,中榜者为举人;通过者再参加帝国京都的考试,中榜者为进士;如果成功通过这些考试,皇帝将亲自进行殿试。最聪明的人将被选拔担任最高的职位,等而次之者则同样安排相应的职位,以此类推。只有乡镇例外,通过选举任命官员。陆军、水军中的将官也通过选拔性考试来任命。

文人领导的民主制

中国当时的民主制主要由文人来领导,以普选为基础,以帝国权威的外在形式加以统一黏合。此前的 2200 年,中国一直实施文人的贵族制。但到宋代,中国已经演进到一种西方人仍在追求的民主制,拥有全面的政治自由和个人自由。

人们会立即意识到,没有广泛的公共教育体系,这一政府体系连 10 年都存续不了。每个村庄都有公立学校并配有政府委派的合格教师。对于小学毕业生,每个县都有一所县学。每个州都有一州学接收县学的毕业生,每个府都有一所辟雍接收州学的毕业生,每个路都有一所路学,让辟雍的毕业生完成学业。这些教育对所有人免费,开支由政府承担。为进一步增加民众接受教育的机会,使之同样有权利和机会得到帝国的最高荣誉,大部分偏远村落都建有公共图书馆。此外,政府还让学识渊博的人到处讲学,给所有人授课。

精心培养的演说术

演说术得到特别培养,对于辩才无碍者,政府会特别嘉奖。整个帝国在某段时间里到处都在辩论,天空回响着论证,微风承载着言辞。正是由于所有人都受过高等教育,中国才会推崇磋商辩证。

社会主义现在开始显现。人们普遍认识到,社会主义是"实现目标最为简便的手段"。但时间证明,人民对于社会主义还没有做好准备。

这两个政治发展时期,时间不同、种族不同,对二者的对比主要是基于社会条件的相似性,这又源自政治演进的同质性。由于篇幅所限,我们只能简要概括使社会主义有可能在中国出现的社会政治条件。读者会惊讶地发现,在有史可考的人类历史中,社会主义只在两个社会时期自然而然地出现:中国的宋代和今天的欧美。个人在中国的自由程度,国家对个人福祉的关切,人普遍性的平等,教育和政治喜好方面的平等权利,无论古代还是现代,任何国家任何地方都没有达到过这种高度,除了美国。

演进阶段的社会主义

正如社会主义在经济演进时期进入西方的政治中,它进入中国也是如此。我们不能把社会主义看作头脑错乱者的胡思乱想,而是视为人类社会演进的一个阶段。人类社会受到不变法则的支配,人能认识到这些法则只是因为人是自然的一部分。现在的社会主义理念到一定时期就会成为美国的最高原则,就像 900 年前的中国一样,除非不可预见的政治变革打断了这一进程。否认、逃避和嘲笑社会主义最终都会被证明毫无用处。社会主义不是人的产物,而是特定政治条件的产物。

同任何地方一样,中国的政体绝非僵化不变,也遵守着人类社会政治演进的总路线。政府不过是国家综合思想的表达。中国经济条件的发展和构成使社会主义成为可能,也使公众产生了这种要求。无论民众是否对社会主义有充分的意识，政府都不得不去追随这种新的政治理念。

通过与美国现代社会主义相对比，我们现在来分析中国的社会主义。就在中国产生的条件与在欧美产生的条件而言，社会主义的基本原则完全相同。在对比 20 世纪美国社会主义和 12 世纪中国社会主义时，我们会对后者的策略、原则和论证与芝加哥今年所采取现代社会主义的策略和纲领进行比较。

中国社会主义者的领袖

两个时代的社会主义运动在策略上显然有一个根本差异，其他方面则遵循相同的路线。现代社会主义运动没有领导者，中国却有一个才智非凡、位高权重的领袖。现代政党的智慧表现在不容忍有一位领袖。无论对党多忠诚或品质有多好，一位领袖都可能把党的事业毁掉。相对于背叛者而言，人们更担心狂热者。领袖在实施原则时可能超出人民大众的想象力，民众无法理解也就无法使自己适应新形势。王安石所领导的社会主义政府就把民众抛在了后面，他思考的是一场和平的革命，而非一次缓慢、自然的演进，他其实应该采取后一种策略。

王安石是最伟大的学者之一，也是当时最有才气的人。他天生头脑聪明，还通过无止境的学习和实践来完善自己。王安石是了不起的演说家，就像美国今天的演说家一样，有实力在最琐碎的事情上表现出自己的才智。他的私生活无可指责。王安石极其教条，一旦提出某个看法就绝不再放弃。没人比他更狂热，王安石吃苦耐劳的能力也无人能比。例如，除了公务外，王安石还笺注了所有古典作品并编著一部辞典，武断地赋予某些词新义以符合其伟大目标。

在宋代皇帝的统治下，王安石拥有无限权力，只想完善政府的管理，无意实施国家革命。但在此期间，社会主义的原则在整个国家蔓延。民众不断地商讨、辩论、集会，就像美国今天进行总统选举一样。教育和个人自由非常普及，演说术成为成就二者的手段，据说"田间山边、江河湖海，有人居处，天荫所至，便有高谈阔论之声"。整个国家分为相互对立的两派。除了演说术和公开辩论外，公共场所都张贴着海报。有数百万小册子在国内传播，讽刺的、控诉的、煽动的、合理的、诽谤的，立场不一。

芝加哥社会主义者大会（Chicago Socialist Convention）通过的《原则声明》说："人类生命依赖于食物、衣服和住所。只有这些有所保证后，人类才有可能实现自由、文化和更高的发展。"

在阐述这一完全相同的原则时，中国的变法者说："其于出政发令之间，一以安利元元为事。"①

中国社会主义与现代社会主义

芝加哥纲领声称：

> 工薪阶层是统治阶层最坚定、最不妥协的反对者，也是承受阶级统治苦难最多的阶层。允许少数资本家使用整个国家的资源和社会手段来为个人谋利，妄图把为所有人制造生活必需品作为其私营企业和个人投机的目标，这是我们现代罪恶的根基……

> 土地私有化和用来剥削的生产资料，这是阶级统治的基石，政府是其不可或缺的工具。不征服政治权力，不用土地集

---

① ［译注］《王安石全集》卷二，上海大众书局，1935，页298。王安石在《风俗》一文中还说"夫天之所爱育者民也，民之所系仰者君也。圣人上承天之意，下为民之主，其要在安利之。"（《王安石全集》卷三，前揭，页544）

体所有制取代私有制和用来剥削的生产资料，工薪阶层就无法摆脱剥削。

中国的变法者说：

> 为使所有阶层平等，防止人压迫人，政府应将全国资产收归国有，成为唯一的所有者和雇主。政府应全面控制农业、商业和其他所有行业。政府应利用一切手段援助劳工阶层，防止富人对他们的压榨。①

为了实现这种平等，就必须做两件事：剥夺富人的财富，使国家成为所有资源和生产资料的主人。中国人完成了这两项任务。

实现财富平等的办法是使穷人免交税，对富人根据财富多少按年头征税。设立审判庭来明确人的穷富。当征收的钱财超出政府的日常开支时，这些钱就分给穷困的老人、失业的工人，还用来修路建桥。政府同时拥有所有自然资源和生产资料。人口比整个欧洲还要多的中国到这时就成了社会主义国家。只有资本家和一部分文人反对变法。

谈到国家拥有全部财富时，中国的变法者说：

> 通过这些手段，所有人将变得很富足，各地百姓都很幸福。唯一在变法中受苦的是商人和垄断者。他们一直努力谋利，哪怕是民众遭受饥馑和诸多不幸。他们会一直努力变得更富有，压榨劳工阶层。

---

① ［译注］荷马李引用中国史料时没有标明出处，根据其意思，在《宋史》、《王安石全集》和《司马温公全集》中也难以查证，故以现代汉语译出，不一一注明。

普通百姓的敌人

谁能说伤害能结束与普通百姓敌对者的贪婪？正义能否迫使他们退还从百姓手中剥夺的财富？国家监管着各行各业，将规定商品价格，按需求供应商品。如果有一省发生饥馑，得到各省关于收成情况的报告后，北京的农业审判庭将通过把丰收省份的粮食调往歉收省份来恢复平衡。生活必需品由国家控制，始终以合适的价格销售。不再会有贫困或穷苦阶层，国家作为唯一的监管者每年将把大量的收益用于公共工程。

谈到相同的问题时，芝加哥纲领说："只要允许少数人利用国家的共同财富为个人谋私利，任由他们彼此竞争、剥削同胞，工业萧条就必然会定期发生。"

第二部分 实际控制中的社会主义及其目标

关于中国古代社会主义与现代社会主义学说的关系，我们需要注意其两个重要特点：两个社会主义阶段的目的和宣传有着相同的特性；催生两种社会主义并成为其表达方式的经济条件相同。有两个条件有待分析：在实际控制大量人口时实行社会主义及其演进和目的。

西方的社会主义还没有达到从理论向实践过渡的临界点，我们只能从社会主义与中国经济结构的关系中来分析二者后期的发展阶段。但根据这些经验知识，我们只可能对现代社会主义的未来进行合理推断。

通过类比来推断并非始终能做到公平、理智。当面对人的希望与仇恨、饥饿与温饱（饥饿促使人变革，温饱又使人反对变革）

时,我们处理的都是常量。这些因素的变化细微得让人难以察觉,人类现代追求进步的努力与古代的记录相比不过是名称和乡土色彩的不同而已。中国在 11 世纪的社会形势和民族特点与我们现代的问题非常相似,这造成了相同的社会的、政治的演进。这些早在 900 年前的社会条件产生出与今天相同的社会主义学说。我们会发现,自然法支配人类社会的普遍程度令人惊讶,其不偏不倚地遍及演进的各个阶段,无论东方还是西方,无论古代还是现代。因此,从中国社会主义的实现中寻找对现代社会主义的预示和警戒并非不可理喻。

社会主义在中国现实中的展示不是昙花一现,而是持续了数十年。中国的变法不是试验,而是有着最高目标,不是僵化不变,而是让僵化的理论在实践中去灵活地适应日常压力。王安石(一直努力让自己摆脱人的偏见和弱点)及其同僚,还有那些看到隐患的人,竭尽全力不让变法冲出理性的边界、脱离实用的范畴。由于预见到民众有可能无法适应新的经济模式,他们对此深感忧虑。

在研究中国对于政府和社会组织的彻底改革时,人们必须意识到这些改革牵涉到一个体量比美国大两倍的国家,而其民众的教育程度和个人自由要比美国发达得多。富人被降到穷人的经济水平,国家接管了所有的自然资源和生产资料,竞争被彻底消灭,增加的财富都用于建设公共设施。人不再开采自然资源或剥削同胞。资本主义不复存在,也没有什么激励措施。人们不可能再进行商业兼并,因为人们无法团结与政府对抗以便能开发、开采、运输或销售。

民众让国家发挥主动权,从各式竞争中抽身撤出。他们不再考虑古老的刺激手段,开始有了新的抱负。

国家设立审判庭来判定谁是富人谁是穷人,谁应该抄家产、谁应该分田地。审判庭根据每个人确定他适合的职业和应得的报酬,控制商业的每一根汗毛,运营着全国数不清的行业。

集体农庄

国家或者说国家治下的民众是土地唯一的所有者,唯一的雇主,把全国划分为不同区域,任命法庭每年把土地分配给农民,还有种子、牲畜、蚕茧、耕具以及车马用品。为使所有土地都能有良好收益,法庭决定应该种植何种作物。

在人类历史上,还从没有像中国社会主义这样对国家政体改革如此彻底的。各国曾有革命的变革,但持续时间都很短。实际上,许多重要的社会政治改革都很短暂,人们现在对之毫无记忆。但中国的重整却不是一时之举。凭借其在数位皇帝治下的地位和权力,王安石对中国的社会政治进行了革命性的变革。就好比美国的绝大多数公民支持社会主义,社会主义领导者有绝对的权力按照自己的理想重新调整美国的事务。

当时有 2200 万人从事农业活动,农民在国家具有极其重要的地位。反对者的主要争辩就是针对这一生产阶层。反对变法的宣传所涉及的中国工业阶段最为简单,也最容易理解,同时农业又是所有民众从事的职业。因此,我就从反对变法的宣传入手来分析。

变法的主要反对者是司马光,中国最著名的史学家和政治家之一。从变法开始到其去世,司马光始终是最坚定的反对者。变法席卷全国的一个证据是,司马光及曾经大权在握的整个保守派都淹没在民众追求平等的洪流中。司马光与王安石学问上不分伯仲,性格上也同样固执、热忱。两个人都坚信自己的管理体系能够维护国家,能够保障民众的权利和自由,能够使国家变得更伟大,民众得到更多的发展。

前面已经阐明中国在变法前的文明程度以及民众的自由程度。司马光是保守派的领袖,激进主义最坚决的反对者。王安石是名激进分子,不畏惧任何阻碍,不尊重任何古制。王安石是一位很罕见的人,有能力且确实做到摆脱同时代的偏见和依恋(attach-ment)。另一方面,司马光推崇古代的德性和习俗,坚信人类社会的发展要依赖于古训,顺其自然地演进,人不能加速自然注定要缓慢的进程,也不能延缓自然业已决定要加速旋转的绞车。

为支持变法,王安石调动起他能想到的全部资源、自己的聪明才智以及不达目的誓不罢休的决绝。他一直致力于推翻过去的社会政治大厦,同时开始重建复兴。司马光则是一位推崇古代的天才,一名现有体制的维护者。他把现代的全部好处都归功于遵循古制,坚持要沿袭先人的范例,汲取历史的教训。

反对派的抗辩

司马光反对变法的努力毫无结果,因为王安石不仅手里掌握着政府,还有全力支持的民众。司马光反对变法派对于农业的控制,反对把种子发给土地的耕种者,现引用其几段论述。

在变法仍处于理论阶段,司马光就分析说:

> 先给农民种子让他们种到地里。等到冬末春初,农业审判庭的官员将向每个人提供所需的种子。到收获季节,农民再交回相同数量的粮食。这对百姓有什么好处?通过这种方式,土地将得到耕种,全国都将变得更加富足?
>
> 理论上,没有什么比这更有吸引力、更有益处,实际上没有什么比这对国家更有害处。百姓渴望拿到种子播种,我对此深表怀疑,他们真的要拿这些种子去播种吗?这样认为的人肯定涉世不深,做判断容易一厢情愿。人最关心的是一时的利益。大部分人不会眼光长远,很少有人着眼将来。
>
> 种子一旦给了百姓,他们会立即处置,或销售或以物易物以交换更需要的物品。给了种子,他们也不会去劳作。假定

没有出现这种情况,种子确实种到地里,百姓也适时耕作。收获时,他们还要偿付国家数月前提供的种子。他们把这些粮食看作自己的财产和劳动所得,现在却不得不分一部分给国家。收成好时交一部分,收成不好时甚至要交出所有粮食。很多时候百姓会拒绝纳粮。有太多的困难让他们无法偿付国家的粮食。

所建立的审判庭会派人在全国强行征收发放出的种子。这些人会借收回国家粮食之名横征暴敛!我还没有说国家维持这些机构需要多大开支。这些开支又要由谁承担?政府、国家还是农民?无论是谁,又是什么人从中得利?有人说这种做法在陕西很得人心,百姓没有怨言。我就是陕西人,早年在那里度过,亲眼见证百姓的悲惨生活。我知道他们遭受的苦难,人们把主要责任归于这种做法,怨声载道。倘若坦率地调查,真相就会大白于天下。①

---

① [译注]据(清)徐松《宋会要辑稿》卷十(刘琳、刁忠民、舒大刚点校,上海古籍出版社,2014,页6043):

朝廷散青苗,兹事非便。今间里富民乘贫者乏无之际,出息钱以贷之,俟其收获,责以谷麦,贫者寒耕热耘,仅得斗斛之收,未离场圃,已尽为富室夺去。彼皆编户齐民,非有上下之势,刑罚之威,徒以富有之故,尚能蚕食细民,使之困瘁,况县官督责之严乎!此孟子所谓"又称贷而益之者"也。臣恐细民不聊生矣……

臣闻作法于凉,其弊犹贪,作法于贪,弊将若何?彼常平仓者,谷贱不伤农,谷贵不伤民,公私俱利,法之至善者乎!及其弊也,吏不得人,谷贱不籴,谷贵不粜,反为民害。况青苗钱之法,不及常平之远乎!昔太宗平河东,轻民租税,而戍兵盛众,命和籴粮草以给之。当是时,人希物贱,米一斗十余钱,草一围八钱,民皆乐与官为市,不以为病。其后人益众,物益贵,而转运司常守旧价,不肯复增,或更折以茶、布,或复支移折变。岁饥,租税皆免,而和籴不免,至今为膏肓之疾。朝廷虽知其害民,而用度乏,不能救也。臣恐异日青苗之害,亦如河东之和籴也……

臣家陕西,有自乡里来者,皆言去岁转运司擅散青苗钱与民,今夏麦不甚熟,而督责严急,民不胜愁苦。况今朝廷明有指挥,彼得公然行之乎!转运司本以聚敛为职,取之无名,犹欲掊克,况今取之有名乎!彼干当青苗钱者至陛下前云"百姓欣然,赖此钱以为生"者,皆由其口所言耳。臣所闻者,民间实事也。

面对对手的喧嚣吵闹和日益激烈的攻击，王安石仍泰然自若。但当变法进入实施阶段时，他就不得不出面为之辩护：

> 你为什么这么急于谴责变法？经验表明，我们采取的举措有利于王国，有益于百姓福祉。万事开头难，只有克服许多困难后才有希望收获劳作的果实，坚定前行。王公贵族都反对，我并不奇怪，因为他们无法抛开旧制接受新规。他们会逐渐接受这些创制，对变法的厌恶会渐渐消亡，最终对现在强烈谴责的事情抱以掌声。

不过，变法还是失败了。

变法长期以来得到民众的支持，但也毁了民众。每过 10 年，国家都会变得境况日凄，但耐心的中国人民继续在希望中忍耐。正如王安石所说，形势届时会变好。原因显然是民众无法适应新形势。政府在不断革命，但民众没有。政府不得不寻求在民众能接受的水平上改革。

最终，王安石被其死敌排挤掉。司马光抹去变法的所有痕迹，把政府恢复到变法前的状态。两大领袖在很短的时间内先后离世，对两人的毁誉随着政治斗争的激化不时改变。

司马光之死表明民意已经改变。在此前几十年，民众支持变法。当反对派进入坟墓时，全体民众自愿地为之哀悼。

失败的原因

变法的失败不是由于其信条实施得不好，而是因为变法未能通过革命（反对较缓慢的演进）重建人性以使之符合变法的理想。充分认识社会主义并使之顺利实施，这是一项艰巨的任务，需要数百年的劳作。中国的这次变法却要硬生生地在几十年内完成。王安石及其追随者的变法依靠的是人性的变革，他们一厢情愿地希望尽快改变人性，但这一任务不可能完成。人民还没有准备好。

变法成功依靠的是中国民众成为一台完美的机器。在变法失败的时刻降临之前，民众一直受相同的动机所支配。快速的转型让人们无所适从。付诸实施的变法对民众来说还是一种理论，尽管非常诱人，但仍然是理论。今天最热情的社会主义者也得承认，一旦将理论付诸实施就会产生不可估量的危害，人们的公民意识还没有苏醒。这种不可估量的危害已然降临中国，使国家陷入困顿又彻底摧毁了变法。

鉴于当时的中国与今天相比已经高度发达，如果变法一直处于理论阶段，人们会很难相信变法的失败。变法的失败说明，人不可能规避不变的法则或走捷径。演进的法则不仅支配着中国人民作为个体和民族的发展，也支配着今天的个体和国家。

有一位中国哲人评论说："世上千万人，各不相同，同道者四五人而已。人之欲相近，但好恶相同者，四五人而已。"

在如此短的时间内把人类复杂的动机和激情融合成一种同质性的欲望，这是不可能的。我们可以制定法律限制众人自私的动机和激情，甚至在法律中消除这些因素，但法律无法提供能够取而代之的其他因素。用法律限制人类的所有欲望，突然消灭人的野心、繁荣和财产，变法者使整个国家陷入停滞。民众无法理解更高的激励。这种停滞又造成国家的贫弱，这种国家造成的贫困进而引起民众的激烈反应，最终导致变法的毁灭。

孔子早在1600年前就说过要建立大同世界所必需的条件：

> 人之其所亲爱而辟焉，之其所贱恶而辟焉，之其所敬畏而辟焉，之其所哀矜而辟焉，之其所敖惰而辟焉。故好而知其

恶,恶而知其美者,天下鲜矣。①

　　变法对于中国的影响不只是民众的不满和国家的贫困,还导致国家的毁灭和被征服。变法的强势同时败坏了尚武精神,紧接着是陆军和水军的全面解体。维持等级制的武装力量与变法者的理想不符。

　　到 11 世纪末,中国北部开始被蒙古骑兵蹂躏,变法者领导的中国政府无法进行任何实际的抵抗。到公元 1115 年,满族人已经征服中国北部建立金朝。再后来,中国人签订条约放弃长江以北的领土,只留下四川省和陕西的四个县。

　　1129 年,变法彻底失败,中国又恢复到变法前的政体,但再也没有能力复兴尚武精神、创建有战斗力的军队。中国人丧失了北方,在接下来的一个世纪里眼睁睁地看着戈壁滩上的鞑靼骑兵把中国变成荒原。自有中国以来,蒙古人第一次成功统治这个国家,尽管他们与中国人在边境的斗争一直没有间断过。战斗力的彻底丧失使中国对满族人、蒙古人的抗击变成了一场对其不利的战役。

　　回顾中国这段历史以及对变法的思考给予我们许多教训,最重要的一点与其他国家也密切相关。无论中国的变法是否成功,其目标始终都是满族人和蒙古人。实际上,变法越成功,国家的防卫能力就越差。变法持续的时间越长,国家毁灭得就越彻底。只要九面牦牛尾旗帜会聚在蒙古首领麾下,无论是成吉思汗还是其他可汗,无论是在斡难(Onon)河边还是在戈壁滩,无论是在 12 世纪还是 14 世纪,中国都命在旦夕。只要中国周边是尚武的民族,

---

① ［译注］朱熹,《四书章句集注》,北京:中华书局,1983,页 8。荷马李误以为这句话为孔子所说,"1600 年前"应为"2400 年前"。荷马李所引书目可能是 Elbert Hubbard 的著作(*Little Journeies*: *To the Homes of Great Teachers*, New York: Roycrofters, 1908, p. 54)。

只变法就注定会导致国家的毁灭，无论其在国内效果如何。但事实是，满族人不过是完成民众开启的行动：摧毁中国的变法，摧毁中华帝国。

战争中的飞机①

——关于一个军事幻觉的思考

第一部分　作为杀伤性手段的飞机

在一种新科学起步时,人们很难区分自然法则的限制和科学创造自身的非限制性力量。人凭借天分创造新科学以对抗诸神,认为外部事务的进程由自己的需要和意志所决定。只有当经验表明这种自负的愚蠢性时,人才会试图摆脱那些自认为不朽的想法。

在人类不断变化的演进过程中,我们发现只有人的自负和傲慢保持不变。古代和现代的科学在襁褓时期都会包裹在拜物教之中,这种新的飞行科学也是如此。上帝拒绝给予人的东西,人现在要自己制造。通过这一创造,人拥有了原本并不具备的潜力。

人们现在对于飞机在未来冲突中的用途和价值有各式各样的想法,这主要是由于不了解支配战争行为的法则和力量,不知道所有的战斗机器或手段都属于有限的、次要的空间。在英国、中国和

---

①　[译注] Homer Lea, "The Aeroplane in War: Some Obervations on a Military Delusion", *Harper's Weekly*, August 20 & 27, 1910.

美国,尚武精神变成了不重要的因素。这种无知是如此普遍以至于没有任何政治精英或社会精英能抵制军事幻觉。

人仍迷信那些没有生命的东西。月光不再让人想起童话、孤独的月神和黑暗的幽灵,但人还无法脱离与之类似的古老幻想,冠之以新的名称寄存于自己的创造中,理论中挤满了吐火怪,学说里都是幻影和错觉。驱动战争机器的不是人,而是超人力量。只要一个种族丧失了尚武精神,相应地就会增加一种对于痛苦和臣服的反感。换句话说,懦弱就会出现在这个种族的精神和身体中,人在逃避、找借口时就会求助于没有生命的东西、诸神、发明或虚幻之物。

自相矛盾的是,军事幻觉会随着文明的发展而增加。在这个划时代的岁月里,有些国家激动地希望未来的战争由飞机进行,通过赫兹的电磁波在天空进行指引、控制和作战。飞机上不会有人。在人的调遣下,飞机相互撞击化为碎片,直至战役结束。生活安逸的民众对这些既看不到也听不到,不会死一个人,也不会消耗一磅土豆。

这些国家试图不承受战争的辛劳就保有只有通过战争才能获得的战斗力。我们曾把海牙会议的幻觉赋予潜艇,现在则又要赋予飞机!如果不通过战争就能做到这一点,他们在道德上和军事上就可能会衰败,阳刚之气就会丧失。只要进行战争,就让人创造出来的物去实施,人们赋予这些机器的力量原来只属于超自然的力量。

不幸的是,战争是在人与人之间进行而非在人制造的战斗工具之间进行。尽管人类社会无时无刻不在变化,但战争的原因、目的和进展并未改变,临时性的作战机器与战争也是这种关系,正如家政用具和商业之于市民生活的发展。在现时代,国家间的武器装备没有实质性的差异,因为军事最强大国家的武器装备必然也决定着其他国家武器装备的发展,密切的国际交往使得机械知识普遍传播。

如果一国的武器装备优于其他国家，但缺少其他更重要的战斗力因素，该国也无法取得决定性的胜利。1870年，法国的后膛步枪（chassepot）优于普鲁士的撞针枪（needle gun）。1904年，俄罗斯的火炮优于日本的火炮。但出来战斗的不是后膛步枪和撞针枪，而是法国人和德国人，轰鸣着征服日本军队的不是俄罗斯火炮，而是俄罗斯人自己。后膛步枪指向的是通往色当的道路，俄罗斯火炮炸毁的也只是通往沈阳周围壕沟的道路。对于那些想用武器的战斗力取代士兵战斗力的国家来说，色当和沈阳始终在那里。他们不过用无生命的东西为自己制造出弗兰肯斯泰因（Franken-stein），到了某个时刻就会被自己的创造所毁灭。

对于国家发展扩张的任务，人想徒劳地暂时逃避，把自己所应承担的辛劳移交给作战机器。这种做法并不新鲜。将来，军事上衰落的种族会继续散播让人难以理解的理论来补充这种做法，一部分人会把道德上的懦弱称为利他主义，把身体上的懦弱称为兄弟之情。我们在十几年前就有一个典型的逃避案例。布洛克（H. Bloch）在书中阐述未来战争的不可能性以表明自己的利他主义。他还谈到现代武器的残暴和毁灭性。除了被这些武器杀死外，人不会得到更多的关注。战争机器如此可怕，人们会认为，敌对双方的军队不可能有一方彻底被消灭或双方同归于尽。在那时，通过赋予无生命物无法抵抗的力量，人似乎征服了自己。

自相矛盾的是，在布洛克的著作出版以后，各大国依旧投入军事事业，摧毁的生命并不比过去的大战要少。我们要问的是，滑铁卢战役和辽阳战役有什么显著的区别？

区别就在于尺码。

火枪和火炮的射击范围扩大了战线的火力区域；电话、电报和日光反射器（heliograph）延伸了侧翼；射击的速度不过是拉开各小队、单兵的间距。通过这些自然简便的临时手段，人恢复了攻击武器和防守武器之间始终存在、恒久不变的平衡。

古代战争与现代战争的根本原则有何区别?

没有。

新的战争机器或军事发明是否改变了这些原则?

没有。

人类作为整体一直会把奇怪的想象转移到无生命的世界中,而这些想象都是人类需要和恐惧的产物。人赋予自己的抉择以形式,用自我感知的限度来限定未知事物。只要拥有毁灭的潜力或者奇怪、庞大,任何事物都会让人感到恐惧。人曾相信天上挤满诸神和怪物,现在已经进入飞行时代,再次把目光投向天空,为自己勾画出新的希望和恐惧。奇怪的工艺品在头顶上呼啸而过时,人就创造出了一种现实的幻象。

关于飞机在战争中的杀伤力,我们提出这一明显自相矛盾的论断:飞机的杀伤力越大,它在战争中就越没有毁灭性。如果飞机有能力毁灭城市和整个国家,城市和国家就不会受到飞机的影响,飞机就不再是作战手段。

防御的法则是基础性的。防御是攻击的必然结果。防御不只属于人,各种形式的生命都会防御。人类防御的进步由进攻性武器的发展所决定。由于剑、矛和弓箭的使用,战争中出现了盾牌和装甲。为了防御,人会集结为更大的作战单位,充分利用防御阵地。随着现代武器效能的增加,人的防御距离会更远,隐蔽得会更好。

当拥有毁灭手段且失控时,人类就会诉诸最后的、最彻底的防御手段:相互摧毁。战争史表明,作战手段越具毁灭性,结果就越没有那么可怕。一旦毁灭性变得无法控制,结果是玉石俱碎,它就不再有危害性。

由于上述因素,我们确定了作战平衡法则:攻击和防御的平衡多年来一直保持相对不变。这是由于三个原因:1. 防御能力占据优势使得有必要发展攻击性武器。2.防御的发展一直领先于攻击的发展,或者说攻击性武器的发展不具有连续性,这反过来使防御没有必要进行变革。这就造成了攻击手段和防御手段的绝对平衡。3.只要攻击性武器的发展与防御能力水平相当,攻击性武器的发展就会停止。

无论作战平衡是相对的还是绝对的,作战者的尚武精神都是决定性因素。人无法绕开这一法则,因为人就是法则,保护自己远离被消灭的可能性,这是支配人活动的基本原则。因此,战争中或战争之外的毁灭手段超出了人的控制能力,相互摧毁使人变得毫无用处。

现代的国际公约禁止:使用毒药或有毒的武器;背信弃义地杀伤;杀伤放下武器没有防御手段的敌人;宣布不提供住处;使用导致不必要灾难的武器或投射物。人类禁止埋设无栓自动触发地雷,除非在某些特定情况下或受到某种限制;禁止使用错过目标后不会失效的鱼雷。人类禁止以阻止商业航运为目的在港口和敌方海岸埋设自动触发地雷,禁止轰炸没有防御的港口、城镇、村庄、住宅或建筑物,禁止轰炸未能缴纳钱款的地区或人员,禁止劫掠乡镇或村庄。

防御武器优先于攻击武器,这一适用于所有人的本能促使美国人在内战结束后立即禁止把气球或其他飞行器作为作战手段。美国人在战争中曾第一次把气球用于临时性侦察。当时航空学仍处于胚胎阶段,仍属于一种理论上的可能性,人们对天空还很害怕。

1868年11月29日,美国人内战后在圣彼得斯堡(St. Petersburg)召开第一次大会,禁止把航空器用于投放炸药。1899年7月29日,海牙宣言也对此颁布禁令。1907年,第二次海牙会议继续这一禁令,一直持续到多年后举行的第三次会议。

国际协议禁止使用美国内战中曾用于作战手段的古老气球,

这表明人对于可能失去控制的毁灭性机器充满恐惧。随着飞行的原则逐步被发现，促使人们在40多年前发表圣彼得斯堡宣言的那些可能性已经变成现实。人们当时还无法理解其可能产生的后果，现在则完全明白。我们要说的是，这些可能性现在显而易见，要从飞机的未来发展来考虑，不能把飞机视为很原始的东西，把它看作还在学飞、滑行距离有限的小鸟。

目前，各种形式的飞行器都无法作为有效的战争机器使用，不仅仅因为飞机的研发还不成熟，还因为人类还没有发明出供飞机使用的投射物，让公众相信其毁灭性。对于这些因素，我们无能为力。我们只是要表明，只要飞机具备公众现在所相信的毁灭特性，它就会在战争中变得毫无用处，就像毒药一样。控制世界事务的各大国会相互达成协议进行限制。

战争手段方式的规范现在由国际会议和协议而非单个指挥官或某个国家所决定。此类会议由军事大国所把控，协议由这些大国的代表决定，小国只有接受。将来的会议，同过去所有的国际会议一样，不会达成任何削弱大国战斗力、增强小国战斗力的协议。国际协议允许把飞机作为作战手段就会损害大国的战斗力，增加小国的战斗力。这一明显反常的情况由两个原则所决定：1.战争要实现的目标有三点，摧毁敌人的武装、摧毁或控制敌人的资源、摧毁或控制敌人的政府。战斗都是为了达到这些目的。2.把飞机用作毁灭性手段，这使大国丧失了现在在战争中对小国所拥有的优势，这种优势基于财富、装备和人口。

在战争中，陆军能够通过争夺边界来保护领土上的阵地，时间或长或短。双方陆军必须通过道路运动来运输战士。海军在单一平面上运动，有能力阻止国家资源丰富的地区被战争毁灭。国家的财富越多，工业和文明越复杂，摧毁这些地区对其发动战争能力的影响就越大。

对飞机来说，没有前线，没有必须要穿越的道路，没有隘口或桥梁。飞机也不会像大海上的战舰一样受限于一个平面。鉴于飞机的宽度,空中的道路数不胜数,飞行高度就是它们垂直的平面。一个国家的全部人口,加上抵抗手段和住所,都被投入战场。这使现在构成大国实力的诸多要素都归零。

如果飞机被用作战争机器,我们将被迫改变军事要素,但有三项新的战争原则例外:

首先,一个由农民组成、财富人口不集中的国家比一个财富人口集中在城镇的国家具有更大的军事潜力。战争的三个目标是摧毁或占有敌人的军队、资源和政府。要占有资源和政府,就有必要摧毁敌人的军队,但占有资源、政府而非军队才是战争的目标。

要解释这一原则,我们只需以西班牙与摩洛哥部族最近的战争为例。西班牙的飞机攻击部族成员,他们或在沙漠里蹒跚而行或躲到四处分散的房子里,消灭其中一半人对另一半没有任何影响。摩洛哥的飞机则有着固定的目标:无法移动的政治经济中心。一旦马德里、巴塞罗那和塞维利亚(Seville)被摧毁,这会使西班牙政府瓦解,无法再实施战争。西班牙飞机对摩洛哥民众的报复行动则达不到这一目的,他们的政治、经济活动并不集中,各个地区在政治、经济上都是自立的。

第二个原则是,与政府形式复杂、文明程度高的国家相比,一个国家的政治、经济需要越是原始,它就越有能力充分利用好飞机,越能适应此类战争。墨西哥与美国的战争也是一个例证。美国的经济很复杂,没有一个重要的社区能独立生存。一旦控制分配中心被摧毁,其他中心也会进一步被毁,美国就会陷入混乱,就无法保持军事上的团结一致。内部的混乱必然会终止一个国家实施战争的能力。

另一方面,如果墨西哥的大城市都被摧毁,这对国家的影响要小得多,因为民众的经济需要相对原始,各地区都能独立生存。

第三个原则是,既有大国与某个组织涣散的政府或革命者发生冲突,大国获得胜利的可能性完全逆转。就像现在这样,冲突的负担不是在革命者身上,而是在政府身上。一旦出现这种明显反常的形势,对于那些让民众感到不满的政府来说,就不再有安全可言。

波兰抗击德国的革命就生动地诠释了这一原则。飞机从隐蔽的基地起飞,帝国的政治、经济、军事中心都会受到攻击,德国却无法进行空中防御,因为飞机飞行没有确定的航线,无论是在水平面还是在垂直面都行动自由。德国政府被迫进行防御,却无法进行攻击,无论其有多少飞机。德国不能把波兰城市炸成废墟,因为波兰城市就是德国城市,波兰的财富就是德国的财富,况且还有很大一部分人口忠实于德国。帝国只有一个办法:摧毁革命者的飞机。这也是一项不可能完成的任务,因为人使用的是空中高速公路,不会留下车痕。飞机来去不会留下任何痕迹,除了死亡。它们在城市的上空投下炸弹,无论国王的宫殿还是贫民的阁楼都难以幸免。革命者的基地可能位于喀尔巴阡(Carpathian)山脉、平斯克(Pinsk)沼泽、波兰密林或其他许多地方。找到并摧毁这些地方需要相当长的时间,即便完成任务,这给革命者造成的损失也不大。他们会在下一年继续进行不对称的冲突。

我们可归纳出如下原则:

1. 在战争中把完善型飞机用作杀伤手段,这与大国所实施的国际控制不符。这些国家现在决定着国际战争的模式和手段。

2. 在战争中使用完善型飞机与大国统治的现实不符,即那些财富、人口和军力强大的国家。

3. 在战争中使用完善型飞机不符合有组织的、稳定的政府的利益。

4. 世界各国政府不仅会临时禁止在战争中把飞机用作杀伤手段,还会根据自然法采取行动。这种禁止还会从临时禁止转变为绝对禁止,使飞机无法从试验阶段过渡到完善阶段。

第二部分　作为侦察手段的飞机

在战争科学的实务中（在其他科学中也是如此），有一个因素值得注意，即人们意识不到机械装置的限度。人由于天生的轻信总是赋予新发明以最大的功效，经验则逐步显现出这些发明的限度。人的看法会受条件所限，这很自然，人不可能不受环境所限。

一项发明是为了克服某种自然障碍，用人工的手段替代自然的手段，增加人的能力。因此，人都会假设这一发明具有完整性，也就是说，完全达到其发明的目的。起初，人们总是盯住这种假设的完美无缺。当时间和经验显示出发明的缺陷后，人才会逐步修正自己的观点。机关枪、远距离的步枪和火炮、潜艇、鱼雷和其他诸多发明，这些都慢慢失去发明之初所设想的可怕潜力。

因此，我们这样说并没有错。军人对于飞机和其他飞行器的侦察功能期望过高，他们假设飞机完美无缺，具备根本无法拥有的能力。大部分情况下，有这种幻觉是由于军人受到了不理性民众的影响，无法摆脱偏见和欺骗性的希望，阻碍了理性的发挥。

他们总想着高高在上的飞机，显然忘记了大地以及侦察的目的和局限性。飞机将来肯定会被用于侦察，但用途有限，只能作为辅助手段来使用。对战场或拟定战区的侦察并未也不能限于空中侦察。我们通过观察一个人揣测他的性格、目的，观察地形的作用也仅此而已。侦察不仅仅是看，还要熟悉行动区域，通过空中侦察来熟悉迟早会被证明是一种视觉上的错觉。

作战并不是下象棋或跳棋，我们不能相信公众那些自欺欺人、反复无常的想法。在战争中，人们最好忽视那些格子，盯住棋盘的边缘，这一类比不能用于战场。进行军事侦察时，我们必须记住行动有着具体的、特定的目标。战役不单单由人决定，而是由人和地形共同决定，地形则往往不遂人愿或鼓动人采取行动。

哎呀！人在战斗中很少去考虑他重要的对手或盟友——地球。地形曾使人赢得或输掉如此多的战役，比人凭靠一己之力决定战局的战例要多得多。人由于虚荣不愿承认是地形这个普遍的对手使他赢得胜利或造成惨败。像古人一样，人认为是诸神从天而降为之战斗或与其作对。他称这些诸神为命运、机运或无法解释的事情。给机运下定义只表明他们完全不了解那些在人类每一场冲突、战役中出现的古老战斗。神有着她的壁垒、鹿角栅和壕沟。神降下沮丧或灵感，使军队的士气或低落或高昂。神有着她的埋伏圈，一旦踏入就会全军覆没。神会指路也会让人陷入迷途，会限制也会怂恿人采取行动，会在前进的道路上设置障碍，会为之防御也会将其吞噬。这就是为什么古人在作战前一天要向神献祭。他们对女神有着模模糊糊的认识，即好战的地球。今天，献祭推迟到作战的当天，在战场上进行百牲祭（hecatomb）。在战争中，与地形结盟还是对抗并非无法知悉，了解地形并明白其在每场战役中的角色就能争取到神的支持。那些不了解地形的作用、轻视嘲笑地形的军队和指挥官就无法逃脱预定的悲惨结局。

人不能拒绝地球，也不能不学习关乎军队成败的那些深藏不露的秘密。对空中侦察的依赖就或多或少地说明人对地球的这种排斥。深入了解地形而非匆匆一瞥，这才是军队侦察的根本要素，而只有实际接触才能真正做到深入了解。空中侦察看到的只是军队的调动。后面我们会谈到，空中侦察只会使军队的转移更加隐蔽，进而使得此类侦察发挥不了普遍设想的作用。

那些认为飞机在战争中极有价值的人得出这一结论缘于两点错误认识。首先，他们没有区分让人称奇的发明与实用过程中的局限性。其次，征服天空与使人臣服没有太大关系。飞机没有使人具备新的才能，我们要应付的始终是人而非机器。飞机提供了新的军事侦察手段，但这并不意味着这些观察就更明智、推断更可靠，也不能说明人的判断、天赋、勇气和耐力就胜过前人。

对于实际进行的侦察,这一著名的军事现象,人们看法不一且大多都不可靠。这也很自然,因为没有两个人的感知力完全相同。出色的侦察员是一支军队最稀缺的要素之一,因为侦察出色只缘于他的成长环境和所从事的职业,这使其观察力变得非常发达和精确。空中侦察则使侦察员突然脱离了自己的行当,与原来使其能提交可靠报告的那些要素毫无关系,尽管他仍然是在观察地面上那些熟悉的目标。侦察员处于全新的环境,必须要从全新的视角做出判断,但他报告中的一点值得重视,那就是敌方军队在开阔地带的实际调动。有关敌方兵力、目的地或移动速度的报告,任何指挥官都不能完全相信。实际上,除实际调动外,报告的其他信息都是错的。

从高空向下俯视,侦察员不可能确定河流的深度、底部、水流以及冰面的厚度。侦察员也无法确定斜坡的角度或高度。垂直向下看,侦察员无法确定敌军方峡谷的深浅。他还不能查明堡垒的位置,无法确定临近密林中是否有部队防御,堡垒是否有铁丝网防护。俯视村庄和森林时,侦察员无法确定其中是否有军队、有什么样的兵种、有多少人。他可能会把敌军战线的间隙当作防守最坚固的阵地。

从另一种意义上说,从飞机上进行侦察也有局限性。飞机必须要在炮火射程之外飞行,这使侦察员不得不用望远镜观察。飞机高速飞行,侦察员无法对目标进行连续观察。望远镜的观察范围有限,在高速移动时还会给侦察员造成错觉。当火车或汽车以每小时 30 英里的速度行进时,你尝试一下用望远镜观察山坡,就会发现这个办法根本行不通。人们习惯了从垂直面看一些目标,这要比从飞机上观察精确得多。

既然如此,人们怎么可能给予空中侦察如此高的价值?

无论从积极的意义上讲,还是从消极的意义上讲,依赖空中观察都是危险的。除非通过常规侦察进行实地验证,空中侦察有关地形的信息都毫无用处。地形特点对指挥官来说属于必备常识，对飞行员来说则始终会是一个谜。哪些地方会成为各式武器的障碍或通道，空中侦察无法给指挥官提供有效信息，无论观察的是森林、江河、峡谷或山坡。他们无法判明冰面是否能承受住步兵、骑兵或炮兵，无法区分休耕地和沼泽。指挥官却可能要依靠这类确切的信息在战场上做出决断。他们无法区分奥斯特利茨（Auster-litz）①的干土和滑铁卢的湿地。他们需要具备何种眼力才能穿透奇克哈默尼（Chickahominy）松树林发现罗伯特·李的重要基地？消除麦克莱伦（McClellan）军队的困惑，使他们意识到罗伯特·李的铁三角已经断裂？他们又如何能穿透荒原或安提坦（Antietam）的密林？又如何能像一个人在钱瑟勒斯维尔（Chancellorsville）②跋涉看到全部敌军后返回再把这些人彻底打败？

这些就是使用飞机所带来的消极危险，军队在一切情况下而非特定的、合适的条件下使用飞机也会有积极的危险。空中侦察所搜集的信息会对指挥官产生很大的影响，这已经超出侦察手段所能保证的精确度。美国内战时的气球阻止了驻扎在波托马克（Potomac）部队的行军，使其痛失取得决定性胜利的大好机会。只要使用相同的手段，出现相同的拖延，达到相同的可怕顶点，这种情况在将来就仍会发生。

但是，通过过去战役来看待飞机或其他飞行器，这不仅毫无用处而且很荒唐。有些人凭借这些手段得出错误的结论，认为能在未来战争中具备无限的观察能力。还有什么能比这样的说法更常见？"如果一位将军有了飞机，我们就能预知所发生的一切。"

---

① ［译注］捷克斯洛伐克南部的城镇。1805 年 12 月 2 日，拿破仑在此地一举击败沙皇亚历山大一世及弗兰西斯二世的俄奥联军。
② ［译注］弗吉尼亚州东北部的一个旧城镇，位于弗雷德里克斯堡以西。美国内战时的一次重大战役在此展开（1863 年 5 月 2—4 日）。罗伯特·李率领的南部盟军击败了约瑟夫·胡克指挥的联邦军队。

　　我们应记得,从拿破仑战争到美国内战,没人会看到敌方军队指挥简便、行动紧凑就以为得到了战术秘密。飞机上看到的一切对战地上的将军来说与之价值相当。

　　在美国内战初期和日俄战争的高潮,战线不断延伸,各纵队活动范围不断扩大,在侧翼来回穿插,最后一场战争的战线大约是拿破仑滑铁卢战役时的 20 倍。有人会说,在现代战争条件下,使用飞机的时机已然来临,这貌似有理。

　　但什么原因造成了军队在战场上不断分散,战线不断拉长?现代指挥的瘫痪、通讯交通的快速性使得军队基于自我保护的法则不得不互相防御。当飞机被用于侦察或其他目的时,这一法则会再次改变军队的战术和后勤以便能进行必要的保护。如前所述,攻击能力如何发展也无法压倒人的防御能力。把飞机用于搜集敌军的位置或调动,这不过再次证明了这一真理。

　　用飞机侦察而不是派出侦察员,这同样需要尽可能地秘密进行,确保信息不为人知就能保证情报的价值。如果没有注意到侦察行动,敌方就不会改变布置、加强兵力或调整前进方向。但空中侦察绝对无法保密,因而对敌军的观察和了解也就没有决定性的价值。

　　使用飞机进行侦察而不是彻底调整军队的后勤和战术,这只会在过去 50 年的兵力使用过程中增加一个演进阶段。防御能力优先的法则会使把飞机用于军事观察的做法完全失效。

　　美国内战之初,我们就引入了新的军队指挥体制和手段,这只是使军队整建制或单兵隐藏得更好,无论是在先进中还是在作战时。这种隐蔽的科学在日俄战争中达到顶点。所有军队在行进和作战时都彼此隐蔽,人藏到战壕里,枪支藏到坑道中。在渡过鸭绿江前,黑木(Kuroki)将军的部队被迫走左岸的一条开阔道路,对岸的敌军看得一清二楚。到了夜晚,日军把松树移植过来使对方完全看不到他们在这条路上的移动。只要飞机或飞艇成为军事观察的手段,垂直角度临时性的隐蔽手段就会让侦察完全失效,就像水平角度的隐蔽手段一样。

　　人们在未来战争中会发现,最常使用此类手段的是没有战斗力的国家。只要否认战争的可能性,一个国家就会轻视对战争的认识,逃避其欠缺的战争准备,试图用各种手段来面对无法应付的任务。因此,志愿者在战时构成军队的比例有多大,这个国家就会在多大程度上用不切实的手段来获取信息并实施战争。没有军事天赋或受过良好培训的指挥官将无法区分军事情报的真与假。除非民兵或志愿者成为熟练的老兵,优秀的指挥官取代有政治偏见的政客,否则几年后,这将带来无休止的耽搁和灾难。

　　真正的战备是训练作战的士兵,这与那些对机械情有独钟者的希望或想象没有任何关系。他们把勇气和谎言倾注到无法进攻的机器上,让它们在战场上驶来驶去。只有把国民培养出尚武精神,使他们训练有素,意识到士兵与武器之间的巨大鸿沟,意识到只有出色的战士在最后阶段决定着作战机械的军事效用。

　　战前的器械不是战时的决定因素,有数不清的复杂因素决定着作战的手段以及输赢的方式。在战争手段的实施过程中,从未有过两场战争完全相同。在无休止的战争变化中,有一点恒定不变:战士。

佩里准将的遗产①

这听起来有些自相矛盾,国家的遗产就是个人的遗产,各色人等就是民族的捐助者。伟人会创造伟大的国家,但大国并不必然出现伟人。最弱小的部族有可能出现世界上最了不起的人,最伟大的国家也可能由于缺少伟人而衰落。

当国家的遗产是一个人的遗产时,继承就具有双重的潜能,像雅努斯(Janus)神庙一样既可能让人受益也可能让人感到恐惧。哥伦布的遗产是一个世界,路易十六的遗产是法国大革命,孔子的遗产是仁爱,圣奥古斯丁的遗产是末日审判,华盛顿的遗产是这个共和国,佩里准将②的遗产是日本。

日本人应该在江户(Yeddo)湾的岬角树立一座佩里准将纪念碑以示对这个人的感激。佩里本人都不知道他给日本人留下的遗产比亚历山大留给部将、凯撒留给罗马帝国的遗产还要大:整个太平洋。

---

① 〔译注〕Homer Lea, "the Legacy of Commodore Perry", *North American*, June 1913, pp. 741—760.

② 〔译注〕Matthew Calbraith Perry(1794—1858),美国海军准将,1854 年率美国舰队打开日本国门并与日本签署《日美亲善条约》,又称《神奈川条约》。著有《日本远征记》一书。

太平洋覆盖了地球表面的三分之一,其海岸居住着世界三分之二的人口,拥有世界上四分之三的未开发财富。日本占据太平洋的价值就在于其统治太平洋的实力。日本的地缘政治位置正处于东半球的战略中心。通讯交通手段的发展使日本有能力穿越太平洋,将这一浩瀚海洋的诸多偏远地点连接起来。这要比一个世纪以前伦敦与爱丁堡、华盛顿与波士顿之间的交通容易得多,也快得多。

这份遗产的另一个继承人是美国。但太平洋对于美国的价值并不在当下,我们因此一直忽视太平洋的真正价值。美国拥有太平洋的必然性取决于正开始显现的政治形势:1. 机械发明不断压缩时间和空间,使整个地球表面变成一个地球村;2. 这一地区有许多国家挤在一起,弱小国家会不断被消灭。战争源自个体间的战斗,不断发展演进,最后成为更大政治单元的对抗。战斗的核心先是个体,然后是家庭、家族、部族、部落联盟,然后是各类小国间,现在则是复合型的国家。在拿破仑战争以前,整个欧洲有数百个小国,这些国家最终合并为德意志帝国、意大利王国、奥地利和俄罗斯。我们现在正进入战争的最后阶段:民族战争。

较小的政治实体将会继续被吞并,这一点恒久不变、确定无疑。在各民族相互吞并消灭的过程中,只有强国能看到战争的逐渐减少,因为每个独立国家都是一个战斗胚胎。那些奇怪的理论家(即仲裁主义者)由于没有认识到这一事实把战争逐渐减少看作是人类变得更加高尚。实际上,战争减少的原因完全是一种自然法则。减少了独立国家的数量就等于是降低了战争的可能性。由于只能通过冲突才能消灭吞并一个国家,我们只能说只有战争本身才能消灭战争。

大西洋和太平洋的宽度在逐年缩小。小国的实力逐年削弱,大国的实力逐年增加,我们阐明如下法则的时刻不会太远:只要有一个民族控制了欧洲的政治军事实力,它就会控制大西洋,进而拥有西半球的主权。如果德国的战斗力不断增强，美国现存的军事衰败不断恶化，这个共和国届时将丧失对于西半球的宗主权。

如果亚洲在军事、政治上处于一个国家的宗主权之下，该国就会控制太平洋，美国对于西半球西部的宗主权必然归亚洲人所有。另一方面，如果在目前形势下在太平洋保持对亚洲国家的优势，美国就能将其宗主权延伸至亚洲海岸，使那里的民众遵守有益于人类的那些原则。

谁控制了太平洋并守住控制权，谁就有可能成为世界帝国。不首先掌握这一宗主权，任何国家都不要希望达到这一伟大的高度。除非现在就确保控制太平洋，否则美国就会永远失去控制权。这一代人可能体会不到这种损失的重要意义，后代子孙将会蔑视我辈，正如我们看不起以扫（Esau）愚蠢地为了肉汤就出卖自己的遗产。

对于日本而言，它必须现在就着手准备以便将来能对这份遗产有影响力。日美两国的利益激烈冲撞，双方唯一的区别是边线推进的速度不同，两条线一旦交汇，其结果就是战争。美国没有什么推进力，民众只关注国内事务，没有什么长远打算。日本在太平洋的推进则已预先决定，步伐坚定且不可撤销，美国则在这片浩瀚的海洋上随波逐流，等待命运的裁决。

日本在太平洋的位置在历史上也有对应的案例，从后者的历程和命运，我们就能看到日本这个既古老又现代的国家的历程和命运。日本之于太平洋就像古代的蒂尔（Tyre）之于地中海。英国在大西洋的所作所为，日本必然在太平洋要一一效仿。否则，日本就会像其他岛国一样被大陆强国摧毁，因为它控制不了这些国家的海洋和港口。

太平洋的遗产对于美国和日本来说都性命攸关，其价值体现在将来，美国由于短视看不到太平洋在未来的重要价值。用不了几年，太平洋就会给予漫不经心的美国以巨大的压力，就像它今天给予日本的压力一样。

关乎未来的是国家的命运、福祉和使国家更加伟大的计划。就当下问题进行鼓吹煽动的不是政治家，而是政客，甚至连政客都算不上。这些人就是江湖骗子，搅得整个国家鸡犬不宁，天天忙于国内的立法、嘲笑改革或编排愚蠢的谎言，使国家不去追求真正的伟大，而是安于享乐。政客是上帝没对埃及做出的一个诅咒，他将其留给了美国。

唯一决定着国家伟大程度的只有对未来的未雨绸缪。建造大厦首先要成功地打好地基，这些必须要在整个大厦的构图之前完成。建设国家也应如此，关于未来的鼓动和规划必须要在创造伟大国家之前完成，甚至是在奠定国家的地基之前。

如果密西西比河谷仍属于法国，得克萨斯和太平洋海岸仍属于西班牙，夏威夷仍然独立，阿拉斯加仍属于俄罗斯，或者美国分裂为南北两个国家，美国今天所拥有的伟大就不过是伟人们的白日梦，在大地匆匆而过然后湮没于遗忘之中。

太平洋之于美国就如同先前获得的这些土地与美国的关系，它们现在构成了美国的疆域。当太平洋安全无忧时，美国不必去争夺，但占领太平洋关乎未来。太平洋的未来主权就类似于美国今天对这些陆地领土的主权。

拥有这些领土使得美国有可能变得伟大，拥有太平洋则使美国有可能持续生存下去。

就日本和美国的终极未来而言，两国都声称要继承太平洋，这不仅仅关乎国家的进步，更涉及到国家的生存。由于美国对未来的需要犹豫不决，日本现在则是势在必行，生存之争的特点还不太明显。

一方面，美国的领土覆盖着全球四分之一的陆地。另一方面，日本帝国的人口比美国多出一半，领土却只占全球陆地的二百五十分之一。一方富庶，另一方贫瘠；一方因财富而自负，另一方因饥饿而狡诈。美国没有武器却傲慢,日本有武器且对美国嗤之以鼻。一方是杂货店的老板,另一方是战士。在日本,天皇处于战士与神之间。美国则是另外一种情况:在战士与地狱之间横亘着邦克山(Bunker Hills),只有位于康科德(Concord)的几座桥梁能使美国避免坠入地狱。

长期以来,人们都知道军人有三种心态:三分之一天生勇敢,三分之一懦弱,还有三分之一介于二者之间。军队的任务就是将中间的三分之一变得勇敢。这就是纪律性的要义所在。如果由勇敢者来训练军队,通过军训使中间的三分之一变得勇敢,我们就会创建起一支实际的军队。三分之二的人会迫使三分之一的懦弱者一起行动。对于这些懦弱者,不要抱什么期望,上帝已经遗弃他们,试图用肩膀和肌肉来鼓舞他们的愚蠢之举。

这一法则适用于和平时期所有国家的民众,也适用于美国和日本。由于两国民族理想的差异,这给两国军队造成明显的、人为的区别。日军由好战的那三分之一来统治,美军则由懦弱的三分之一统治。日本整个国家都推崇尚武精神,好战的三分之一控制着优柔寡断的三分之一,这实际上消除了怯战的因素。

美国的情况则完全相反,我们只能在悲伤痛苦中对之保持沉默以免玷污那些逝去的英雄。他们的鲜血奠定了美国的根基,我们却将这些英雄完全遗忘。

太平洋遗产的两个声索国就在不同精神的激励下迈向通往法庭之路,由后者对自己的主张进行判决。

人类必然带着偏见看待法律诉讼和争端调解,因为人们常说,作为自己的律师,没人能公正无私。

这样做明显是错的。当这一法则应用于古老的个人复合体国家时情况依然一样,只不过除偏见外还添加了激情、仇恨以及夹杂着固执、疯狂的蔑视。

没有什么能比这种错误更让人叹息的了。

战争只是国家发展的一个阶段，人们会带着痛恨和激情看待这一历程，正如一个人以同样的心态回顾自己从童年到坟墓的兴衰荣辱。

对太平洋遗产的判决必然由两个法院做出：海洋法院和陆地法院。前者是初级法院，后者是终审法院。海洋法院的判决要么是生效裁决要么被上诉到终审法院。

从数据上对美国日本海军进行对比，这会使民众更容易理解，尽管公众既不了解也不在乎。对于研究者而言，这些数据如果不令人着迷，就会变成一个谜。要解开这个谜，我们需要厘清人们关于数据与实际斗争关系的错误理解。

日本美国海军对照表（1910）

一等战列舰

名　　称	吨　位	重　炮	马　力	航　速
南卡罗来纳号	16000	8	16000	18.5
鹿岛号（Kashima）	16400	8	18000	18
密歇根号	16000	8	16000	18.5
香取号（Katori）	16400	8	18000	18
特拉华号（Delaware）	20000	10	25000	21
萨摩号（Satsuma）	18800	14	18500	20
北达科他号	20000	10	25000	21
安芝号（Aki）	19000	14	25000	20.5
犹他号（Utah，在建）	21825	12		
河内号（Kawachi，在建）	21000	14		
佛罗里达号（Florida，在建）	21825	12		
摄号（Setsu，在建）	21000	14		
怀俄明号（Wyoming，在建）	26000	12		
未命名（在建）	21000	14		
阿肯色号（Arkansas，在建）	26000	12		

（续表）

名　称	吨　位	重　炮	马　力	航　速
未命名（在建）	21000	14		
堪萨斯号（Kansas）	16000	4	16500	18
敷岛号（Shikishima）	14850	4	14500	18
佛蒙特号（Vermont）	16000	4	16500	18
旭号（Ashai）	15000	4	15000	18
明尼苏达号	16000	4	16500	18
三笠号（Mikasa）	15362	4	15000	18
新罕布什尔号（New Hampshire）	16000	4	16500	18
岩谷号（Iwani）	13566	4	16500	18
缅因号（Maine）	12585	4	16600	18
肥前号（Hizen）	12700	4	16000	18
密苏里号	12585	4	16000	18
相模号（Sagami）	12684	4	14000	19
俄亥俄号	12585	4	16000	18
苏我号（Suwo）	12674	4	14500	19
新泽西号	14948	10	19000	19
弗吉尼亚号	14948	10	19000	19
乔治亚号	14948	10	19000	19
内布拉斯加号（Nebraska）	14948	10	19000	19
罗得岛号	14948	10	19000	19
路易斯安那号	16000	10	16500	18
康涅狄格号（Connecticut）	16000	10	16500	18
爱达荷号	13000	12	10000	17
密西西比号	13000	12	10000	17

美国一等战列舰超过日本[①]

船只：9 艘

———————

[①] ［译注］：参见荷马李《无知之勇》附录一，上海：华东师范大学出版社，2019，页
188—191。

重炮:20 门

武装巡洋舰
美国,一等武装巡洋舰:10 艘,重炮 16 门
日本,一等武装巡洋舰:15 艘,重炮 41 门

日本武装巡洋舰超过美国
船只:5 艘
重炮:25 门

鱼雷舰只
美国鱼雷艇:24 艘
日本鱼雷艇:95 艘
美国鱼雷驱逐舰:36 艘
日本鱼雷驱逐舰:62 艘
日本鱼雷舰只超过美国:97 艘

四项作战要素汇总
美国一等战列舰超过日本:9 艘
日本一等武装巡洋舰超过美国:5 艘
日本重炮超过美国:4 门
日本鱼雷舰只超过美国:97 艘

　　通过这些数据,我们可以看到美国海军并不占据绝对优势。实际上,如果这些舰艇布置在同一海域,我们很难说谁会占据优势。在战争中,船只目录和战争工具的数量与其他要素的关系绝不会保持不变,后者才往往决定着国际斗争的最终结果。

　　战争就像祷告一样,只和人有关。大教堂并不能增加祷告的分量,武器也不能增加国家的战斗力。战争有两个基本要素,人们在地球上会从陆地上、海洋中投入战争。在决定战争最终的结局

方面,地球比人发挥着更大的作用。大地能在战斗中对人进行约束限制,人所能做的只是借助于大地。地球要么是敌人要么是盟友,要么帮助进攻方要么帮助防御方,大地自己决定她会忠诚于哪一方。太平洋上的海战也是如此。日本人信奉的神明中既有地神也有海神,他们一直取悦这些神明使地球能帮助自己。争夺太平洋的战场就在太平洋上。美国的海军和基地离其海岸线上的战区有 16000 英里。日本的海军、陆军、民众和神明就位于太平洋的中心。海战同陆战一样,起决定作用的都是战略性因素。我们就此可以说,这一战略形势决定着未来斗争的发展。随着主要基地到战场距离的增加或减少,舰队的战斗力也会相应地削弱或加强。决定着海军战斗力的是多样性、分布范围和基地实力,还有满足海军战时最大运送需求的商船队。没有军需仓库和商船队,海军规模越扩大,战斗力就会越低。鉴于美国的海军政策,如果战争爆发时仍位于大西洋,大西洋舰队就必然被困在基地内或这些基地的投送范围内。

美日舰队的对比情况如下:战列舰,美国有 24 艘,日本有 15 艘;装甲巡洋舰,美国有 10 艘,日本有 15 艘;鱼雷艇,美国有 12 艘,日本有 157 艘;重炮,美国有 10 门,日本有 169 门。美国大西洋舰队和平时期抵达旧金山需要 120 天,日本和平时期抵达旧金山需要 19 天。大西洋舰队及供应船只战时抵达需要 180 天,日本舰队及运输船只战时抵达需要 30 天。

通过对比,我们看到日本从海军力量上讲暂时拥有对太平洋的控制权。这是因为从日本登陆太平洋海岸到大西洋舰队进入太平洋的时间差足够使日本人完全占领太平洋海岸。美国舰队进入太平洋时会发现,自己找不到一处可以停靠的港口。宽广的海面预示着美国舰队会吃闭门羹,就像几百年前麦哲伦(Magellan)所面对的海洋一样。

如果愚蠢地把舰队一分为二部署在大西洋和太平洋,美国海军就可能被彻底消灭。如果把二等战列舰视为一等,美国就可以在两大洋做实力相当的兵力部署。在大西洋,法国的重炮比美国多50%,装甲巡洋舰多100%,驱逐舰多100%,鱼雷艇多出2500%;德国的重炮比美国多出125%,装甲巡洋舰多100%,驱逐舰多500%,鱼雷艇多出400%;英国的重炮比美国多出450%,装甲巡洋舰多600%,驱逐舰多1200%,鱼雷艇多出900%。在太平洋,日本的重炮比美国多出100%,装甲巡洋舰多125%,驱逐舰多500%,鱼雷艇多出500%。

如果想把海军作为保卫太平洋遗产防御沿海大陆国家的决定性因素,美国就必须对海军政策进行根本性的变革,决定着美国在太平洋总署舰艇数量的是太平洋最强大国家的海军实力,再加上压倒对方战略优势所需要的舰艇数量,还有海军基地在太平洋各处的建设和分布以及有能力保护这些基地不受陆地攻击的陆军力量。在这个大舰、快速的时代,庞大的军队必须要有舰队,暂时控制海洋就意味着临时控制了没有防御的陆地。这种控制然后会以无法想象的速度转变为永久控制。

各国经常犯的一个错误是没有区分开战争手段及其使用过程中的局限性。如果作战一方通过使用某种武器取得了胜利,各国就会一窝蜂地发展这种武器,忽略了武器的平衡性。他们没有意识到,使某种作战手段具备优势的可能是战场环境。在南非的战争特性不能套用于亚洲、美洲或欧洲。但在当时,这场战争对各国都会有影响。

对海军也是如此。有些国家过度依赖海军,原因就是有一个大国把海战作为其进攻防守的主要手段,它必须要发展海军并通过海军优势发展壮大。

在大部分情况下,海军不过是陆军的附属品。人们只通过海战胜利无法赢得战争。海军的失败对一国的战斗力没有实质性影响,也不会影响其政府或资源。要取得决定性的胜利,就必须要摧毁或控制敌方的资源或政府,使该国无法再进行战争。海军无法完成这一任务,这要由陆军来完成。

在争夺太平洋遗产的过程中,我们看到当前的形势是美国海军发挥不了太大作用,美国必须要依赖陆军取得胜利并维护国家领土的完整。我们现在分析陆战及其目的、进展和完成。

在战争中,能够把战场放在对方领土的作战一方会具有巨大的优势,这与在对方基地附近作战的老派作法完全相反。在战争进行过程中,战场会被不断破坏。如果战场所在国的战斗力强,破坏性就会小一些。在日本与美国的战争中,如果美国有可能将战争发生在日本而非美洲大陆,美国人就赢了一半,也感受不到战争的毁灭性。

战争位置的确定取决于四个因素:1. 对于海洋的临时性控制,(a)属于日本;2. 运送兵力的能力,(a)美国单船运送兵力的能力为1.5万人,(b)日本单船运送兵力的能力为2万人;3. 机动部队的规模,(a)开战时美国野战军的人数为8.2万人,(b)开战时日本野战军的人数为25万人;4. 军力,(a)包括民兵在内的美国军队有11.4万人,(b)包括预备役在内的日本军队有150万人。

我们通过对比可以看到,战场的决定权完全在日本人手中。菲律宾岛屿发挥不了什么作用,因为其战略位置靠近日本。在菲律宾部署军队会把兵力抽调出真正的战场。同样,一旦开战,夏威夷也会立即落入日本人之手。这与控制菲律宾的原因相同。

日本人移民到夏威夷完全出于政治考虑而非经济考虑,这可以分为三个政治阶段,决定因素有两个:1. 美国的太平洋扩张:(a)建立夏威夷共和国,(b)吞并夏威夷,(c)征服菲律宾;2. 日本的政治发展:(a)日本抗议吞并夏威夷,(b)日本战胜中国,(c)日本战胜俄罗斯,(d)英日联盟。

在第一个政治阶段,1884 年至 1896 年,发生的事件有:

1. 推翻夏威夷君主制,建立一个美式共和国。

2. 日本对这一吞并提出抗议。

3. 日本战胜中国；将中国赶出太平洋，日本作为太平洋强国开始发展。

与此同时，日本在夏威夷的人口从 1884 年的 116 人增长到 1896 年的 22329 人。

在第二个政治阶段，1896 年至 1900 年，发生的事件有：

1. 吞并夏威夷。

2. 征服菲律宾。

3. 日本陆军和海军的发展壮大。

与此同时，日本（在夏威夷的）人口从 1896 年的 22329 人增长到 1900 年 61115 人。

在第三个政治阶段，1900 年至 1908 年，发生的事件有：

1. 日本战胜俄罗斯，将俄罗斯赶出太平洋，日本日益成为太平洋强国。

2. 英日联盟，日本成为世界强国。

3. 日本陆军和海军前所未有的发展。

与此同时，日本从 1900 年到 1908 年向夏威夷群岛的移民 65708 人。在此期间又有 42313 人离开。日本通过这种方式用参加过大战的老兵替代不适合作战的人，暂时完成对夏威夷的军事占领。

我们发现，战场正是以这种方式转移到太平洋海岸、华盛顿、俄勒冈和加利福尼亚。

日本军队实行普遍的义务兵制，服役年龄从 20 岁到 40 岁。所有能佩戴武器的人分为两类，"适合"与"绝对适合"，但只有"绝对适合"的人才参军入伍。军事训练是日本学校教育的一部分，"绝对适合"者在 20 岁加入正规军，在除步兵外的各兵种服役 3 年，在步兵则服役 2 年。他们接着在第一预备役人员（Yobi）中服役 5 年，然后转为留守师团（Kobi）服役 10 年。在留守师团服役期

满,他们已经是 38 岁,就转入国民军(Kokumin)继续服役 2 年 8
个月,完成 20 年的服役期。此外,日本还有补充性预备役(Ho-
ju),由不适合一线作战的"绝对适合"者组成。这些人服役 7 年 4
个月,先接受 90 天的培训,然后是 60 天的后续训练,进入留守师
团服役 7 年,最后转入国民军完成 20 年服役期。补充性预备役人
员往往负责清理战争废墟。

　　日本的野战军有 20 个师。这包括警备师、2 个独立骑兵旅、3
个独立野炮旅(每旅有 12 门炮)、3 个独立山炮师、至少 4 个重炮
师(每师有 24 门炮)。每师的战力是 2.5 万人。目前,日本机动野
战部队有大约 70 万人,加上预备役足以达到 150 万人。

　　关于美国陆军,我们只需要引用陆军部长和参谋长所提交报
告的数据,国会由于敏感冲动未能通过这一报告。

　　除参谋人员外,美国陆军有 15 个骑兵团、6 个野炮团、30 个步
兵团、3 个工兵营、170 个岸炮连。作战官兵总计 6.4 万人。扣除
岸炮部队,美国作战人员数量还不到日军的两个师。

　　正规军的部署如下:在机动部队中,有 32500 人部署在美国本
土,14500 人部署在各岛屿和阿拉斯加;岸炮部队中有 16200 人部
署在美国,800 人部署在海外。

　　除了这些正规军外,陆军部长还说美国民兵估计有 86300 名
官兵。因此,包括民兵在内,美国的总兵力是 114500 人。

　　陆军部长说:

　　　　步兵、骑兵、野炮、工兵、医务人员,这些兵种在部队中的
　　比例并不合适。野战部队装备不足。抛开民兵不说,整个部
　　队都缺少组织性,无法编排成旅、师等更高的战术单位。

　　在现代战争中,一旦战场确定,取得胜利的第一要素就是看谁
先抵达作战地点。在战争爆发前,人们能够并且一直能够判断出

抵达战场所需要的时间。这由三个因素所决定：军队的集结、投入实战的准备程度以及运输部队到战场的时间长短。

尽管人数少，美国部队的集结却相当复杂。正规军分布在150个营地，民兵分布在全国49个州300多个地方。我们必须要把这些人集结起来，根据战争目标提供他们目前没有的作战装备。再把这些人编排为旅，建立参谋架构，我们现在连组织核心都没有。还必须要组建师级单位及其参谋人员、新的炮兵团，购买训练马匹。在把这些部队横跨美洲运到太平洋海岸前，我们会遇到实战所带来的无数困难。

认真研究这一问题后，我们会说，把这11.4万人编排为旅、师单位并配备相应的装备，4个月后将其投入指定的战场，这是不可能的。这些人确实可以在6个月后开赴前线，但在现代军事作战中，他们不过是一群乌合之众。尽管民众有格拉古式（Gracchi）的勇气和爱国热情，但与格拉古不同，他们的所作所为不会带来荣誉。

另一方面，日本的情况完全不同。他们始终有一支25万人的常备军，一天可准备完毕，随时可开赴战场。其他部队的调动由于两个因素也变得相当简便：1. 日本地域紧凑，还不如加利福尼亚大；2. 日本帝国按军事区域划分，各地区对应着部队中的各师，每个区既是行政单位又是军事司令部。各师从自己对应的区划招募士兵，因此，除常备军外，日本能在一周内再集结25万人，全都装备精良、训练有素。这些人可以说是世界上最优秀的部队，动员之日就能投入指定战场，就像做了一年的准备一样。

当战场远离作战双方的动员中心时，运力就变得至关重要。

在美国，兵力运送主要通过密西西比河，也就是说距离战场有2000到3000英里远。部队一旦动员起来，必须通过铁路进行运输，这就面临巨大的困难。当铁路归私人所有且疆域辽阔时，比如部队必须要通过的美国西部，难度还会增加。此外，美国的民众依靠这些铁路来维持生计、运送销售物产,困难就会大得难以想象。

有一次,要运送两个岸炮连210人到驻防地,军方需要7节卧铺车和2节行李车。如果人数增加到11.4万人,有1节车厢运人就需要3节车厢运送弹药、火炮、交通工具、装备、物资、骡马、车辆等等,任务有多艰巨显而易见。进入战争状态后,某些铁路所在的西部可能被放弃,当11.4万人增加到100万或200万人时,政府就不得不征用铁路用于军事目的。

美国的铁路与俄罗斯的西伯利亚铁路完全相反,其特点在战时就会变成美国铁路的缺点。在日俄战争时,西伯利亚铁路不仅是俄罗斯政府的财产(员工的教育培训都会交由军方负责),还不会受到地方运输的阻碍,也没有大量民众依靠铁路维持生计。

日本运送兵力到美国的运力、速度会造成一种奇怪的自相矛盾:日本在军事上比美国需要运送人员、作战工具的地区更靠近太平洋海岸。

人们把海洋看作抵抗侵略的屏障。但由于现代海洋运输手段的使用,这种情况完全颠倒过来,海洋成为入侵外国领土最轻松便捷的手段。前提是该国拥有军队和船只,就像日本这样。

集结完毕后,美国陆军需要45天才能全部运送到太平洋沿岸的战场,因为这些部队都要依靠铁路线运输。我们不可能通过北方的铁路把军队运到加利福尼亚的中部或南部,通过圣大菲(Santa Fé)铁路或南加利福尼亚铁路运兵到华盛顿和俄勒冈。因为沿平行线赶赴太平洋沿岸,部队要沿一条铁路线行军1500英里而且还与敌军的进攻路线平行。我们必须要记住,决定美国防御部队的规模并不是华盛顿的愤怒程度而是入侵部队的人数。这些部队必须同时抵达战场附近,必须作为建制完整的作战单位进入战场。一旦宣战,我们不可能做到这一点,部队只会零零散散地赶到。

海洋运输的情况则完全相反。侵略部队能在海岸上挑选一个攻击点,作为完整的作战单位行军,无论是10万人还是20万人。

据说，日本拥有 1000 艘运输船。下表的 40 艘船总计能运输 12.6 万多人，航行时间不超过 25 天。

名　称	吨　位	运　力
天洋丸（Tenyo Maru）	14000	4600
地洋丸（Chiyo Maru）	14000	4600
志藏丸（Shinyo Maru）	14000	4600
塔科马丸（Tocoma Maru）	11500	3800
西雅图丸	11500	3800
芝加哥丸	11500	3800
巴拿马丸	11500	3800
墨西哥丸	11500	3800
加拿大丸	11500	3800
熊生丸（Kumo Maru）	8600	3594
平野丸（Hirano Maru）	8600	3594
宫崎丸（Miyazaka Maru）	8600	3594
热田丸（Atsuta Maru）	8000	3594
北野丸（Kitano Maru）	8000	3594
三岛丸（Mishima Maru）	8000	3594
丹后丸（Tango Maru）	7463	3168
常陆丸（Hitachi Maru）	6716	2886
安艺丸（Aki Maru）	6444	2842
岛野丸（Shimano Maru）	6388	2916
伊豫丸（Iyo Maru）	6320	2965
阿波丸（Awa Maru）	6309	2854
加贺丸（Kaga Maru）	6301	2872
若狭丸（Wakasa Maru）	6265	2717
备后丸（Bingo Maru）	6247	2805

（续表）

名　称	吨　位	运　力
佐渡丸（Sado Maru）	6227	2740
因幡丸（Inaba Maru）	6189	2816
神奈川丸（Kanagawa Maru）	6170	2832
博多丸（Hakata Maru）	6161	2415
丹波丸（Tamba Maru）	6134	2794
镰仓丸（Kamakura Maru）	6126	2670
赞岐丸（Sanuki Maru）	6112	2700
河内丸（Kawachi Maru）	6101	2532
香港丸（Hong Kong Maru）	6000	2600
美国丸（America Maru）	6000	2600
日本丸（Nippon Maru）	6000	2600
土佐丸（Tosa Maru）	5823	2885
日光丸（Nikko Maru）	5539	2400
熊野丸（Kumano Maru）	6976	2396
锡兰丸（Ceylon Maru）	5668	2300
旅顺丸（Riojun Maru）	4896	2840
总运力	126419	

　　我们前面提到过地球对于人类战争的配置。关于美日之间的海战，战略形势完全对日本帝国有利，再加上美国政府的政策，日本在太平洋占据着海军优势，尽管双方在浩瀚的海洋上还没开过一枪。关于陆战，战略形势同样有利于这一亚洲帝国，这令人感到奇怪。如果延续过去的军事政策，日本在太平洋海岸将轻而易举地完胜美国，比现代的一个国家战胜另一国家的任何情况都轻松。

　　假定有三个入侵弧形区，换句话说，有三个明确的战场。在三个弧形登陆点和防御区之间有大量的天然基地，这些地方能向军队提供多方面补给使其有能力防御这些州。三个沿岸州的结合部就类似于法国和普鲁士的结合部，这也是美国最富庶的地方。它们加起来比日本面积大 2.5 倍,增加两三百万日本人对其没有任何影响。

在波特兰(Portland)、萨克拉门托(Sacramento)和洛杉矶分别有三个基地。这些基地的东面是群山和沙漠,也就是日军的防线。北翼是两个弧形:一个防御华盛顿,以斯波坎(Spokane)为中心;另一个防御俄勒冈,以乌马蒂拉(Umatilla)、帕斯科(Pasco)、沃拉沃拉(Walla Walla)、彭德尔顿(Pendleton)为中心。日本人中间战区的防御以里诺(Reno)为中心,右翼以沃克(Walker)河为中心,左翼以普卢默斯(Plumas)北部为中心。日本右翼防御弧形区的最右端是圣哈辛托(San Jacinto)峡谷,最左端是桑格斯(Sangus)峡谷,中间是卡容(Cajon)山口。

日本左翼和北翼的战略形势是:二者的所在地都土壤肥沃,东部是荒无人烟的山脉。那里到主要基地的距离不足 400 英里,而美军离主要基地则有 1500 英里。如果美军司令希望将部队从斯波坎战场调动到俄勒冈战场,就有必要通过一条铁路线运输兵力,要穿越群山遍布、村落稀少的地区,距离长达 1300 英里。日军改变战线只需要跨越 149 英里而且有三条铁路线。

日军中部防线从基地到萨克拉门托有 154 英里。美军基地则位于 578 英里远的盐湖城(Salt Lake),要穿越沙漠和人烟稀少的地区。日军防线横穿最富庶的内华达峡谷,美军防线则是荒凉的卡森洼地(Carson Sink),右翼是黑石(Black Rock)沙漠和烟溪(Smoke Creek)沙漠,左翼是光秃秃的群山。

在南侧,如果希望将部队撤到卡洪山口,在圣哈辛托加强防守,美军司令就必须用一条铁路运送部队穿行 1000 英里的沙漠。日本人从内线到达相同战线只有 40 英里。

在卡洪攻击日军南侧的美军面对的是莫哈韦(Mojave)沙漠,需要从 246 英里外运送饮用水。攻击圣哈辛托,美军面对的是科切拉(Conchilla)沙漠,要从 136 英里外运送饮用水。军方认为,在现代战争条件下,要攻击躲在壕沟和半永久工事中的守军就需要三比一的兵力,其他情况则需要五比一的兵力。美军显然无法转移到日军左翼,因为那里有加拿大边界的保护。其右翼则有墨西哥边界的保护。

因此,由于日军所占据的地利,美军被迫在战略上从正面发动攻击,这也导致美军不得在战术上进行正面攻击。日军有一名士兵守卫,美军就需要有三名士兵进攻,军方据此可估算出最低的攻击兵力。

如果日本用20万兵力占领三个战区中的任何一个或用60万兵力占领全部战区,这就需要美国有180万的攻击兵力,180万同日军一样装备精良、训练有素、指挥有方的军队。他们必须要战胜沙漠,攻击光秃秃的山脉,克服这些地形障碍后才能开始真正的战斗。

对于这种战斗,结局不言而喻。

中国的防御①

　　中国人有句格言说，人绝不会被欺骗，只会自己欺骗自己。无论这句话对个人来说正确与否，一个国家却往往如此。社会、工业、种族和政治架构越复杂，一个国家就越有可能自我欺骗。基于这种复杂性和过往的成功，这些国家至死都会继续欺骗自己。这种国家性的自欺始终存在，当涉及民众在军事方面的英勇时会表现得淋漓尽致。

　　对于军力，各国普遍倾向于自我欺骗，这种渐近性的自欺则受自然法的支配。

　　如果不通过强制性法令或国家政策来保持军事效能，随着社会组织日益复杂、经济活动越来越多样化，一个民族或国家的军力会相应地衰退。

　　随着实际军力的衰退，该国对于真实军力的自我欺骗会以相同的比率增加。

　　因此，我们会发现，当社会、政治、经济变得极为复杂、民众的理想从国家层面降到个人层面时，国家关于军力的自欺将达到极限。

---

① ［译注］此文为荷马李的未刊稿，写作时间不详。

军事上的自我欺骗发育成熟,这种形势就是战斗力的对立面,尽管看起来有些奇怪。到了这一阶段,国家便开始瓦解,爱国主义开始败坏。

政治家最艰难的任务就是,要在民众德性中保持国家本能或军事本能完好无损。无论人们多么反对这一看法,战斗力都是创建国家的根基,也是使其经受住大风大浪的法宝。一旦战斗力开始衰败,国家的命运就岌岌可危。

人类通过组建政治实体才有可能不断演进。包括个人自由在内的所有人类进步都是通过国家各级机构披荆斩棘获得的,但今天许多人却费尽心机要摧毁这些机构。只要人归属于不同的国家,这些机构就将一直决定着一个民族伟大与否。人类及其体制的漫长历史充分展示了这一点。

军事上的强大或衰弱并非一成不变,而是时时在变化,就像温度计在冷热中时时变化一样。这涉及不计其数的因素,饥饿和呐喊、海洋和岩石、肆虐的狂风以及隐藏在缝隙中的灰尘。

在介入人类冲突的各国中,战场的高度和深度、地形和气候、敌方的战斗力、装备和科学水平,还有其他无数因素,这些决定着各国军队要持续不断地调整数量、装备、纪律、战术和后勤,同时还要跟踪每年与战争相关的新的机械创造和科学发明。如果军事体系不灵活并由国家体制和文官所控制,一个国家很快会丧失军力、战斗的精神或实力。

无论古代还是现代,战争从来不是、今后也不会是纯粹的机器格斗,这种可能性并不存在。决定最终成败的是战士。强制性地理解并服从命令,指挥官在这方面的知识是战役中的决定因素。人类还没有认识到,在机械和科学发明改变作战方式的同时,战士必须要在心理上调整自己的战斗精神。随着战争手段日益复杂,人们必须要增强纪律性和团队精神。正是由于这一点,志愿者会随着战争科学的发展变得更加没有用处。

　　一个民族或国家军事衰败的原因并不广为人知。在原始时代,战斗力受必然性所支配,当这种必然性消失时,战斗力就会衰退。在后续的某个时刻,这种必然性可能会重新回到这个种族或国家,但战斗力不会同时恢复。国家一旦达到自己认为牢不可破的军事高度和指挥位置,战斗力就会衰退。当这种衰败达到某一临界点时,无论多么富有、广阔和人口众多,一个国家都会被不那么重要的好战种族所摧毁。

　　支配民众战斗力的法则不是人制定的法律,而是自然的原始命令。这种命令支配着从海中的单细胞到人的帝国所有的生命形式。

　　我们把战斗力分为三个不同的阶段:1. 生存斗争的战斗力;2. 征服的战斗力;3. 霸权或所有权的战斗力。

　　在第一阶段生存斗争的战斗力中,民众的军事天才达到了顶点,因为所有的生命形式都同样拥有这种战斗力。我们发现,对一个种族和部族来说,与人或其他要素的生存斗争越艰难,他们的战斗力就会越发达。正是由于这一点,征服者往往崛起于荒原或嶙峋的岛屿。

　　在生存斗争取得成功后,接下来是战斗力的第二个阶段:征服的战斗力。在征服过程中,战斗力成为一个积极要素而非消极要素。正是从这一红色蛹蛹中脱胎换骨,一个种族会获得鹰的翅膀乘势崛起。

　　雄鹰变成了秃鹫。

　　在第三个阶段,一个国家的战斗力自然衰败。新理念的实施会加速这一过程。随着战斗力的衰败,重商主义会得到发展,因为重商主义本身就是一种斗争形式,尽管是一种低劣的斗争,一种没有荣誉或者英雄主义的斗争。

　　战斗力被贬低到国民活动中的次要位置,接下来对军事效能的忽视会不断积累,直到人们对构成战斗力各要素的直觉彻底消失。对大部分国家来说，一旦达到了自我欺骗的这种程度，它们就已万劫不复。

只有当一个国家致力于重返军事理想和自我保存的战斗精神时，它才会意识到自己与这样一种可能性之间的鸿沟，没人能跨过这一疏忽和轻蔑所形成的深渊。

现在，中华帝国的所有边界都受到侵蚀、切割，毫无防卫能力，最终覆灭的威胁正阴森森地压过来。

我们一般按地形的分布把一国分为几块战略区。但对于中国，我们不得不将其分为几块防御区以分析占有中国某块区域的列强的意图。他们划分势力范围或直白一点说，建立军事基地。

我们把中国分为五大战略区或防御区，这些区域构成整个战场。整个战区的中心位于长江与大运河的结合部。左翼是满洲，中心主要在直隶（Pechili）。右翼是广东，中心在福建，沿河内北部一直延伸到云南。

未来对中国的进攻将同时从三个不同地点发起，其中任何一点都具有强大的攻击力：1. 进攻北京的行动；2. 确保控制长江的行动；3. 从在华基地即势力范围内向四周采取的军事行动。

任何攻击中华帝国的国家都会采取前两项行动。第三项行动将由其目前的势力范围所决定。

与日本或俄罗斯的战争会有三个主战场，两个是防御北京和长江（同任何国家的战争都是如此），第三个战区将是满洲。中国的防御中心将是锦州（Kinchow）。其左翼是沈阳（Mukden），中心位于营口（Newchang），右翼是秦皇岛（Chin Wang Tao）。

在与德国的战争中，除防御首都和长江外，中国还要守卫山东省。在与法国或英国的战争中，除防御首都和长江外，中国还要防御南方三省，其中广东是关键。

未来对中国的攻击并非总会进军北京，这意味着进攻整个中国。保卫这一辽阔帝国的战略很简单，同时也繁重无比，这需要具有当前并不具备的诸多因素。

最为必要的改革是全国军事力量的国家化和统一化。目前，军队都归各省所有，与中央政府没有直接关系。他们只保护自己所在的省份，抵抗侵略或镇压叛乱。

当清王朝拥有中国的权力时，它在满洲有一支全国性军队（即八旗兵），在整个帝国设卡征税。这些军队只听从执行中央的命令并组成现在所谓的国民军。

各省督抚的职责是在自己辖区内统治并维持秩序，并为此招募组建省级警察部队（即团练）。保卫中华帝国的任务现在落到这些省级团练的肩上。经过250年军事上的懒散懈怠，曾经英勇的满族人已经玩物丧志。这些八旗子弟分散在各大城镇，高官厚禄却毫无战斗力。这些人不过让人依稀回想起其祖辈那些鹰瞵狼顾的骑手，他们曾在对抗大明王朝的战斗中以一当百。

伴随着满族作为一个民族衰败的，是其作为战士的退化。人们不再把八旗兵看作国民军，但也没有认真努力建立一支能替代他们的部队。

保卫中国抗御外侮的可能性比50年前还要小。只有两支部队进行了现代化改革，但这些部队合在一起也不足五个师。面对欧洲的武装，其他各省的部队比75年前还要糟。除了这五个师外，中国再没有一个团能与敌军抗衡，尽管中国人多么迫切渴望有更多的军队。

中国目前的重组防卫计划体现了衰败国家的典型特点，尚武精神长期被压制，再也无法返回宏大的战场，也无法在打得七零八落的营地孕育而生。中国的防御就是一个丧失战斗精神国家的防御：逃避性防御。如果帝国政府把精力财力用于直隶的部队，中国逃避的就不仅仅是真正的防御，而是在为最终的毁灭做准备。只要中国目前的军事政策仅仅是为了使其军力在数量、效能上有效抵御对北京的直接攻击，中华帝国最终瓦解的时刻就已近在眼前。

中华帝国持续的时间介于两个极端。要么突然向敌方投降，就像英法联军入侵、对日战争或义和团运动那样。这比彻底灭亡好一些，可以拖延帝国的败坏使其多苟延残喘一些时日。要么对整个国家进行有效的、聪明的整体防御。

只有北京所在的北部省份直隶拥有一支算得上是部队的军事力量。即使所有省份都有类似的军力，总兵力将达到 50 万人，中华帝国仍然毫无防卫能力。只要军队仍属于各省，只要不做全面的准备或计划以同时防御所有容易受到攻击的薄弱环节（如我们前面所绘制的五大战区），中国人民届时仍将屈服于征服者的旗帜，就像宋朝臣服于蒙古人的牛尾旗，明朝臣服于满族人的黄龙旗。

一国的防御能力或军力绝不会与士兵人数或装备的多少成正比。这是一个致命的错误想法：中国人口众多可以保障其安全。这种想法不过是让人空欢喜的、轻飘飘的气泡，从沸腾的无知大锅中随风四处飘散，把各国带入末日。

中国的军事防御只是为了避免最终解体，由完全不同于军队人数的因素所决定。1. 创建一支国民军，配备合适的军官和装备。2. 建设交通线，从基地向四外辐射，把五大战区或防区连接起来。这样不仅能同时防御整个帝国，还能迅速把兵力从一个战区向另一战区转移，应对敌方在任一战区建立永久据点的企图。除非有将大批部队迅速进行战区转移的手段或工具，并由最高指挥官统一指挥，中华帝国就没有防御可言，尽管其军队人数也不少，尽管他们的英勇程度比山高比海深。

中国的防御在战略上并不复杂。人们今天可感知到未来的战场。一旦宣战，这些阵地的防御就主要是中央政府辛苦准备和操心的问题。

我们已经表明，无论谁攻击中国都会选择两个攻击点：北京和长江。第三个入侵地点将靠近交战国的势力范围或军事基地。中国要算计到攻击区最少有三个,最多五个。敌军的军事活动范围将由中国的防卫能力所决定。该国实力越强,进攻的路线就会越多。

例如,如果德国与中国开战,两项主要行动是占领山东并进攻北京。如果中国足够强大,能阻止这两项行动,德国就会努力控制长江。一旦长江被德国控制,中华帝国就会被削弱一半的战斗力。德国军队沿长江推进,取道开封从右翼和后翼攻击北京、山东的防线,同时从正面发动进攻。除了直隶、山东外,如果中国还能守住长江入海口,德国将攻击山东和福建。

如果把德国换成法国,形势依然没变,只不过把德国的势力范围山东换成广东、广西和云南。

但在与法国的战争中需要注意一个问题,即开战时两个战区相隔甚远:最北端的北京和最南端的各省。阻止部队南下的不单是路途遥远还有长江。长江被占领将阻断所有的配合协同,使法国能够一次只应付一翼。

与俄罗斯或日本的战争情况与对德战争相同,只不过是山东换成了满洲。

分析这些形势,我们可以得出如下令人忧郁的预示性准则:1.中国的军力越强,其作战范围就越广。战区越大,战争持续的时间就越长,一旦战败对中国来说就越具毁灭性。2.中国人民的整体安全有赖于军事上的两个极端,要么衰弱得立即投降,要么强大到足以同时抵御敌人从五个攻击点的入侵。必然导致帝国瓦解的办法是保卫首都,忽略其他地区。

屈服于进攻北京的敌军,正如中央政府过去所做的那样,这样不会因战争涉及面广、持续时间长而造成成千上万人的伤亡,也不会使帝国立即解体。尽管中华帝国会缓慢地腐烂,其可怕程度不是那么明显。

只保卫北京而不顾及其他地区就像只护住了头却暴露出心

脏。头脑保护得越好,敌人就越有可能攻击心脏。

按照海洋运输目前的实力和速度来看,中国得通过保卫整个帝国来保卫北京。主要的防御地区是长江,在这个海洋之子的胸部作战远远胜过外国军队在紫禁城外安营扎寨。

在黄河长江的结合部,汉口、武汉、衡阳构成了帝国的防御中心。

无论从战略上还是从大战术上,中国都有必要统一指挥各战区的全部军事行动,无论同时发生战事的那些战区跨度有多远。如果各阶段的作战没有统一的指挥,中国就无法做到行动的一致性,作战也不可能逐步推进,结局只能是毁灭。

后勤上也是如此。除非能得到战线所在各地区的补给,否则即使天赋远高于常人的指挥官也会被搞得精疲力竭。如果总司令在大的战略区内无法迅速跨战区调动军队,他的天分、兵力优势、勇气和能力都毫无用处。

因此,中国的安全取决于五个分布广泛的战区。如果中国军队的总司令不能迅速有效地将各师从一个防区调到另一防区,敌军就能各个击破。整个国家的防御同时也是各战区的防御。尽管中国军队有 100 万人,其在目前形势下保卫国家的战斗力不超过总兵力的五分之一。

汉口三镇是庞大帝国的军事中心。从汉口到五个防区的距离几乎相等。在未来战争中,有三个战区可以通过铁路或江河与汉口相连。通过建设汉口至广东的铁路、汉口至福建的铁路,这五个防区的互联互通就得以实现。通过建设广东经福建至汉口的铁路,与到天津的大运河相平行,第二条交通线将把这些外围防区连接在一起。

作为一种军事手段,如果中央政府改造不计其数的河道,建立国有运输线,就像密西西比河那样能通汽船,中国很快就能建立无与伦比的省内军事运输体系。南部防区要面对法国从广东、广西和云南的侵蚀,那里有从广州到百色(Pese)长达 1000 英里长的河道航线,与中越边境线相平行。法国攻击这些省份时就会通过从河内取道谅山(Lungchau)进攻广西,通过近期竣工的铁路进攻云南。

中国的防御就在于控制珠江(Chu Kiang)的河口及其四通八达的水道。防御的成功与否不仅要依靠战士的战斗力还取决于帝国司令的才干,他首先要把部队从一地调动到另一地以保证兵力优势。完成这一任务的唯一途径就是组建完整的军事河道运输体系以快速地运送大批部队。广州只有通过这种方式才能得以守卫,别无他法。那些精心修建并配有现代火炮的古老要塞抵抗不了一周,广州就会陷落。随着广州的沦陷,三个省份也会遭受同样的命运。

永久防御的时代已经过去。这是机械运输尚不存在的时代或战争初级阶段所残留的痕迹。各国仍以某种方式寄托于古老要塞的防守,他们届时将会被赶出防区。有关城堡和城池角楼的战略考量已经过时。未来的防御将是机动部队的进攻性防御。

迄今为止,中央政府尚未做出任何有效的努力以保卫整个帝国。所有的军事变革都杂乱无章,与我们所论述的举措完全相反。但各列强正威胁着中国的领土主权完整,要保卫国家就必须采取这些举措。

中国政府并没有采取我们认为必要的总体战略防御,只是断断续续、零零散散地使士兵的训练装备现代化。做这项工作的不是中央政府,而是各省督抚。西方后来对这种半现代化的士兵多有议论,这些士兵让我们充分意识到中国军事上的衰败,中国人没有理解什么才是军事效能和实力的构成要素。中国从欧洲大批量进口的军事装备都是垃圾,过时的破铜烂铁。这些武器机械属于几乎被遗忘的时代,上面锈迹斑斑,从幽深的地窖里拿出来噼啪响两下然后彻底消失在这个古老国度的深渊中。

目前中国士兵受到的训练就是半军事化的一锅大杂烩。各省不仅训练体制和武器各不相同，而且同一司令所在同一省份和辖区也千差万别。这些由外国人训练的中国军队至多可以说掌握一些小型战术。在对抗欧洲或日本军队的实战中，这些人比新兵好不了多少。当充分掌握小型战术后（这样才能区分开西式部队和旧部队），这些士兵就交由知识都达不到中尉水平的中国军官指挥。他们通过行贿、文学才能或政治影响获得了这些职位。当从外国教官转由这些军官指挥时，这些士兵一夜之间就变得一文不值。

尽管中国一直努力消除军队中侵吞公款的现象，但除了直隶外，这没有什么实质性的改变。

在直隶之外，中国再没有现代意义上的士兵，也不具备起码的军事效能或战斗力。

当我们从实战而非沙盘推演的角度来看这些部队时，只有袁世凯的几个师得到称赞，但这种吹捧曾导致无数部队身败名裂。不幸的是，中国人被这种三心二意的奉承所蒙骗，批评者宁愿撒谎也不愿冒犯人。

北京卫戍区部队的价值由现存条件所决定。

人们认为这三个师的部队整齐划一，但他们的武器不少于六种，火炮更是五花八门。这一事实说明各级指挥官的无知或中饱私囊，他们根本不了解支配着现代军事装备的基本原则。在大部分省份，那些头脑简单的莽夫手里拿的还是叉子、扇子和鸟笼。

军官身上没有团队精神，没有武士道，没有荣誉感，各职级间没有忠诚度。在这个冰冷麻木、鱼龙混杂的体系中，军事理想主义根本不存在。他们只用新军服装扮自己，内心却没有清除旧有的糟粕。他们拿着现代的武器却不知道如何使用，中间也没有出现像洪武皇帝朱元璋那样的人。整个中华帝国都缺少尚武精神，无论是在统一防御的层面还是在单个士兵的心中，后者只是在懒懒散散地打发日子。

中国尚武精神目前的衰落以及原初自保能力的毁灭主要有三个原因。一个是普遍原因，各民族各时代都存在。其他两个是大清王朝对于汉族人的军事态度以及汉族人与满族的非军事性关系。

从 250 年前最初登上皇位起，满族人在军事上就实行镇压政策。满族人数以千计，汉族人则以百万计。为保有凭借英勇夺取的帝国，满族人被迫建立一个军事体系为自己保留必要的特权但不给汉族人，并摧毁全国的军事力量以及人们心中的热望。满族人把汉族人视为被征服民族并在军事上实施同样的政策。在清王朝统治期间，汉族的将军和军队一直比满族军队级别低。汉族军队对于清王朝的职责只是在各省且负责次要事务，就类似于菲律宾的警察或印度军队。这些军队只用来镇压汉族起义或叛乱。履行如此低劣的职责使得军事爱国主义的高贵精神彻底消亡，这丝毫不奇怪。

中国的祸福与王朝的强弱密不可分。拥有还是丧失爱国主义取决于人们对于清王朝的态度。只要政府能做到公正、仁慈，它就会受到尊重，人们的爱国主义情感就会高涨。如果行事不公，政府就会遭人憎恨，当其强大时，人们会忍耐，一旦衰弱就会摧毁它。

清王朝在过去 100 年不断衰落，压迫日苛、腐败日甚，爱国主义逐渐沉沦。因此，我们要考虑到清王朝对于整个国家的态度、人民对统治者丧失信心以及爱国主义在国家层面和军事层面的彻底毁灭。

在国家消亡之前必然是军力的衰退和理想的湮灭。在中国，我们发现加速这一腐败的是汉族人与满族王朝之间的奇怪关系。在中华帝国被满族征服以前，中国腐败的源头就已经存在。如果不是这样的话，满族人如今仍会生活在辽河谷，蒙古人也依然游荡在沙漠戈壁上。

真正的尚武精神在中国已经经历过许多次衰败和复兴。每一次壮大和衰败都衡量着中华帝国的伟大或腐朽。红色晴雨表的起起落落标志着这个国家的血雨腥风或风和日丽、风暴的开始或结束、疆域的扩大或缩小、兴高采烈或闷闷不乐。中国现在面临的一半是出奇的沉默,一半是怒吼的深渊。

曾经有 25 个王朝统治过中国,这些王朝的兴衰展现出恒定不变的特性。尚武精神遭受普遍、全面的毁灭,整个王朝衰弱不堪,腐败横行。最终,从社会底层出现某个不知名的人把这一王朝推翻,军事斗争的火焰重新为这个国家的内心注入新的功绩。

每个王朝都由战士所建立,又被文官所败坏,被蛀虫、理论家和政客所啃啮,成为满是蛆虫的囊肿,最后在愤怒的浪潮中战栗不已、彻底衰败。

官僚腐败盛行,爱国主义湮灭,王朝土崩瓦解。在这一切发生之前无不是军队和尚武精神被摧毁。

中国在公元 12 世纪经历第四次衰败循环,这一古老帝国今天所面临的所有灾难都可以追溯到这一时期。皇后曾向康王赵构抱怨道:"两百年来,这个国家的人已经忘记如何战斗。"这句话可以用来描述中国的每一次衰败。宋朝政府想方设法使百姓幸福,尽管这些努力看上去很仁慈,他们忘记了自我保存的法则支配着帝国和个人的生命。历史上有许多国家也忘记了这一点。年复一年,古老的理论让位于新理论。对民众实施普遍教育,商业繁荣,羊肥草美,但军队已被遗忘。

在这时,猎手也速该(Yissugei)在戈壁滩的雪地上循着白兔的踪迹来到一个女人的帐篷。他把这个名叫诃额仑(Olegan Eka)女人带走,使她成为万国之母。诃额仑在斡难河岸的帐篷里生下了成吉思汗,成吉思汗后来虏获无数国王。

当汉族人在国内传播文明时,这个大鼻子的野蛮人像钢铁旋风一样席卷戈壁滩,如同锋利的割草刀掠过西伯利亚大草原。在成吉思汗战马的眼中,汉族文明一无是处,那些政客和理论家也宛若尘埃。对于汉族人看作命根子的演说术和黄金,成吉思汗一笑置之,正如布伦努斯(Brennus)①之于罗马的演说术和黄金。

汉族人尚武精神的最后一次复兴是在 550 年前。在长达 300 年的政治衰败后,洪武皇帝朱元璋建立明朝。到公元 16 世纪,国家的军事天分再次衰落,中华帝国在 17 世纪中叶被数千满族骑兵所征服。这些人像一股旋风从北席卷而来。

自从满族人征服中国后,他们人为地加速了中国人军事才能的衰败。清王朝不鼓励汉族人进行军事活动,甚至明令禁止。汉族人军事的衰败从明朝开始,这使他们丧失了国家的主权,满族人为自保又纵容这一点。这就使中国人今天的战斗力或军事天分极为原始落后。

无论是国家民族的尚武精神,还是个人的尚武精神,人们普遍都不理解。相对于其他人类特性而言,人们对尚武精神的误解更大、更经常出现。我们很难就尚武精神给出一个真正的定义,但它绝不能与勇气、忍耐或英雄主义相混淆。因为中国人同其他国家的人一样拥有这些品格。这些要素不仅为人类所共有而且还一定程度上持久不变,能以最高的形式在完全不尚武的民族中呈现。

当尚武精神处于全盛时期,我们在人身上会发现那些尚武精神萎缩时所没有的特性。其中有一点是人的个性、目标以及热望都服从于国家或民族的理想。这种理想主义与个人的理想主义一样无法界定,正如与博爱相对的是自私,与高贵相对的是卑鄙。在尚武精神中,骑士般的荣誉统治着公证人、合同商的卑鄙。后者只预示着腐败的必然性,当军事荣誉神秘的火花熄灭后,坏疽就会出现。当整片大地回响的都是无休止的唠叨时,招魂社(Shokon-sha)中供奉的神明则沉默无语忧伤无比,蜘蛛精则在昏暗的角落里悄悄织网。

---

① [译注]布伦努斯:高卢酋长,公元前 390 年率高卢人攻下罗马城,洗劫许多财物,后被罗马人击退至马其顿。

民众找到圣杯并送到当铺；团队精神变成一种无所谓；武士道变成市场交易所（Rialto）、掮客们的大路或小道。当这一切发生时，国家就几乎没有希望可言。把军队训练到最完美的水平，给他们提供最强有力的指令、最好的装备，这些都没有用处。除非那些领导军队和国家的人受到军事理想主义的鼓舞，使自己的自私和一时的欲望少到能被一滴眼泪冲走，把自我深埋到沙粒中，民族的理想主义才会扩散到五大洋，扩散到天堂甘露降临的所有地方。

在过去 50 年，中国的军事改革已经吵吵闹闹地进行过许多次，一无所获。中华帝国引入外国的军事体系，却不具备建立现代军队的根基。不努力恢复中国人的尚武精神，只借用外国的军事体系装门面，这只会让这个国家发霉腐烂。

作为一个民族，中国人并不缺少勇气和忍耐力，也同样拥有刚毅的品格和英勇事迹，但却丧失了原初意义上的尚武精神。除非采取措施填补这一空缺，焊接断裂的圆环，使他们的刚毅和英雄主义成为勇不可挡的军事爱国主义，否则他们的武器就会生锈，战旗像裹尸布一样腐烂。如果不完成这一工作，只装备、训练士兵或者发布战斗指令都毫无用处。他会战死，但他的战斗带来的只是失败和古老遗产的分崩离析，他本应珍惜保护父辈留下这些遗产。

从实务的角度来说，军队在各阶段的效能取决于军力以及军官的价值；从军事意义上来说，要把中国军队重组成有战斗力的部队以便能在战斗中对抗欧洲军队或日本军队，这取决于军事效能和军官的诚实。

如果军官都具备真正的军事素质，接受过现时代最高标准的军事教育，这支军队届时将被注入战斗精神和战斗实力。由于普通士兵不知不觉地汲取了指挥官的天分，这会使他们具备很高的军事效能。

相反的情况也真实无误。没有尚武精神的军官、文官（如志愿者军官）届时会毁掉凯撒的军团或拿破仑的部队。

　　中国没有兴趣区分构成战斗力的真正要素和阅兵游行之间的差别,这导致其在过去 50 年多灾多难。

　　如果要拥有能保护自己的军队,夺回失去的省份,中国就必须从帝国之外寻找军官。这样才有可能使中国的士兵具备真正的尚武精神(中华民族丧失尚武精神已经有 300 多年),除非中国又得经受像驱逐蒙古人时那样的社会剧变。

　　中国人应该把部队交由比他们更具军事素养、更理性的人来指挥。面对世界持逃避态度,汉族人在军事上不断衰落,这些只会继续招致灾难,最终使帝国彻底消亡,牺牲祖先留下的遗产以满足自己的虚荣心。

　　谁否认尚武精神的衰败,谁就是在逃避、找借口。只要政治家在是否抵抗问题上摇摆不定,任何国家都会出现尚武精神的衰败。无论多么有伤自尊,坦率地承认这一事实都会有可能防止国家最终的毁灭。

　　对中国来说,目前合适的军事体系是为了实现两个目的,一方面要保卫帝国,另一方面使中国士兵和百姓具备古老的尚武德性。曾几何时,中国人拥有过这些德性,如秦始皇、唐太宗、宋太祖、洪武皇帝、康熙,还有成千上万的古代英雄。伏羲的子孙曾在无数的战场上取得过胜利。

　　中国的军事建设应以英国在印度的做法为基础,并根据与印度不同的情况进行修订以适应中国的国情。大清王朝目前采用的军事体系只是为了保护自己的特权、镇压叛乱,这与英国的军事体系类似。我们的建议并非是一种创新,而是要合理应对变化的军事形势以确保拥有强大的军事效能。

　　中国与印度的根本差异在于:军官在印度属于统治阶层,士兵属于平民阶层;在中国,军官是满族人,士兵是汉族人。我们把印度的军事体系应用于中国时不会人为造成军官与士兵之间的差异。军官是外国人,他们只是出生在外国而已。被招募到帝国军队时,这些外国人应发誓效忠中国皇帝,服从中国的民事法则和军事条例。换句话说,指挥军队的外国人必须要融入帝国之中,不再把自己当作外国人。但人们严禁侵犯他们的军事指挥权和职责履行,不得质疑他们的勇气和忠诚。如果这些权利受到侵犯,将依照中华帝国的法律进行处理。

在中国担任军事教官的外国人如果只有学术权威则有百害无一利,因为这样的人进行器械训练和战术指导只会使士兵更加缺乏尚武精神。他们错误地认为,中国士兵过去一个世纪的军事失败都是由于缺少此类指导。目前,假如一个训练有素的中国团抗击日本军队或西方军队且由当地军官指挥,他们即使在最利的条件下也会一触即溃。如果不亲眼所见,人们很难理解。

我们对比两个例子。在印度的一次叛乱中,对阵的是两支本土军队,受过相同的培训,拥有相同的装备和指挥体系。一方由当地军官指挥,另一方由英国军官指挥。在每次战斗中,叛乱者的人数都远远超过忠于英国的部队人数,但叛乱者无一取胜,原因就在于当地的指挥缺少真正的尚武精神和洞察力。英国军官具备的这种精神渗透到整个军队的印度士兵中,这是他们取得胜利的源头。

义和团运动也有类似的例子。两支中国军队的装备、训练、指挥体系相同,都曾接受过日本人、德国人以及其他外国教官的指导。一方由中国军官指挥,另一方是英国人指挥的威海卫中国旅。① 当地军官指挥的军队在实战中毫无价值,威海卫中国旅则

---

① [译注] 1898 年 7 月 1 日,英国公使窦纳乐(Claude Maxwell MacDonald)与庆亲王奕劻、总理衙门大臣刑部尚书廖寿恒在北京签订《订租威海卫专条》。此后,英国人决定在威海卫组建华人雇佣军来负责威海卫的防务,名为"华勇营",又译为"威海卫华勇团"或"威海卫中国旅"。该团由包尔上校任团长,尉级以上军官均从英国正规军中调任。全团设有长枪连、机枪连、炮队和骑兵队,装备精良,甚至还有当时最先进的马克西姆机枪。清政府对此表示强烈抗议,英国首相索尔兹伯里辩称这只是为维护租界安全,并承诺不会将"华勇营"用于租借地以外任何军事行动。但英国人很快食言,这支部队后来参加了八国联军侵华,是天津战役中惟一的英军部队,甚至还参与了侵略者在紫禁城的大阅兵。

表现出很高的战斗力。

稳妥一点说,如果中国军队拥有类似的组织和指挥,八国联军的兵力至少是原来的五倍才能抵达北京附近。

在印度,英国在当地实施的军事体系复苏了底层民众数百年来所泯灭的尚武精神。等到再次为其在东方的统治发动战争时,英国人发现印度人的战斗精神比自己的部队还高昂。这种精神已经扎根于被鲜血染红的这片土壤,征服者无意中为之播下了种子。

中国和印度的差异在于,尚武精神在中国的发展会比在印度强大许多倍。因为在印度,发展只限于军队自身,但在中国,军队还担负着强大国家的特殊使命。

7年前,为实施这一计划,我们组建了一支中国志愿旅,包括步兵、通信兵。美国人担任团、营军官,中国人担任非指挥类的中尉级职位,履行英属印度军队中连长(subadar)和下级军官(jema-adar)职责。这些中国人都是志愿者,忠诚于自己的国家,接受统一的教育,表现出了中国境内最好的尚武精神。

根据我们的亲身经历,这些人有着显著特征,能迅速掌握训练的精准之处,很快成为神枪手,严格执行军事条令,没有不良行为,服从长官。我们可以这样说,没有其他国家的人能在这些方面超过中国人。换句话说,他们具备成为伟大战士的良好素质,但缺乏军事直觉。这是中国在现代军事防御中屡屡失败的秘密症结。为了验证这一点,我们从几个连中撤出美国军官,结果可想而知,战斗力一塌糊涂。

要进一步验证这些话的真实性,我们只需要想一下华尔(Frederick Ward)和戈登(Charles Gordon)镇压太平天国运动时的"常胜军",还有在中国各省担任教官的海军少将朗(John Lang)和其他无数外国教官。

训练中国军队时,确定一支部队价值的首要原则无外乎是看他们是否忠诚于中国。大清王朝60年前就开始解体,这一趋势还会继续,直至中华帝国要么最后四分五裂,要么依靠自己的军队消除人们的幻灭感。

同时瓜分肢解中国的会是日本、俄罗斯、法国、德国、英国、葡萄牙及其盟友。如果不想出现这种灾难,中国军队的指挥权就不能交到当地人手中。这些国家通过炮舰抢夺中国的领土,中国人只有用武力才能重新收回这些土地。列强的扩张不过是在吞噬中国人辉煌岁月的伟大和荣耀。曾几何时,秦始皇出鞘的宝剑就是统治帝国的权杖。

图书在版编目(CIP)数据

撒克逊时代/(美)荷马李著;邱宁译. --上海:
华东师范大学出版社,2020
(经典与解释)
ISBN 978 - 7 - 5760 - 0435 - 9

Ⅰ.①撒… Ⅱ.①荷… ②邱… Ⅲ.①军事—研究—
美国 Ⅳ.①E712

中国版本图书馆 CIP 数据核字(2020)第 075385 号
审图号:GS(2020)3170 号

华东师范大学出版社六点分社

企划人 倪为国

经典与解释·地缘政治学丛编

撒克逊时代

著 者	(美)荷马李
译 者	邱 宁
校 者	李世祥
责任编辑	彭文曼
责任校对	王寅军
封面设计	吴元瑛
出版发行	华东师范大学出版社
社 址	上海市中山北路 3663 号 邮编 200062
网 址	www. ecnupress. com. cn
电 话	021 - 60821666 行政传真 021 - 62572105
客服电话	021 - 62865537 门市(邮购)电话 021 - 62869887
地 址	上海市中山北路 3663 号华东师范大学校内先锋路口
网 店	http://hdsdcbs. tmall. com
印 刷 者	上海盛隆印务有限公司
开 本	890×1240 1/32
插 页	2
印 张	8.5
字 数	155 千字
版 次	2020 年 7 月第 1 版
印 次	2020 年 7 月第 1 次
书 号	ISBN 978 - 7 - 5760 - 0435 - 9
定 价	58.00 元
出 版 人	王 焰

(如发现本版图书有印订质量问题,请寄回本社客服中心调换或电话 021 - 62865537 联系)